I0031127

L'homme
au cœur de l'entreprise

Éditions d'Organisation
Groupe Eyrolles
61, bd Saint-Germain
75240 Paris Cedex 05

www.editions-organisation.com

www.editions-eyrolles.com

DANGER

LE
**PHOTOCOPILLAGE
TUE LE LIVRE**

Le Code de la propriété intellectuelle du 1er juillet 1992 interdit en effet expressément la photocopie à usage collectif sans autorisation des ayants droit. Or, cette pratique s'est généralisée notamment dans l'enseignement, provoquant une baisse brutale des achats de livres, au point que la possibilité même pour les auteurs de créer des oeuvres nouvelles et de les faire éditer correctement est aujourd'hui menacée.

En application de la loi du 11 mars 1957, il est interdit de reproduire intégralement ou partiellement le présent ouvrage, sur quelque support que ce soit, sans autorisation de l'éditeur ou du Centre français d'exploitation du droit de copie, 20, rue des Grands-Augustins, 75006 Paris.

© Groupe Eyrolles, 2011.

ISBN : 978-2-212-54960-7

Éric Jacquemet

L'homme au cœur de l'entreprise

Le secret du succès

EYROLLES

Éditions d'Organisation

« *Que la force me soit donnée de supporter ce qui ne peut être changé*
et le courage de changer ce qui peut l'être
mais aussi la sagesse de distinguer l'un de l'autre. »

Marc-Aurèle

Remerciements

Ma famille, ma tendre épouse et mes enfants pour leur soutien permanent

Marie Christine Lombard et les équipes de TNT Express pour leur professionnalisme et leur amitié

René Larrière pour m'avoir donné envie d'écrire

Bernard D'Alessandri, directeur du Yacht club de Monaco, pour m'avoir donné la passion de la voile

Philippe Grillot pour son engagement à la fédération des transports et à la CCI de Lyon

Bruno Rousset pour m'avoir ouvert les yeux sur les métiers de l'Assurance

Eric Bousquet pour son talent en communication

Ces entrepreneurs que j'admire:
Claude Bébéar
Roger Caille
André Claude Canova
Norbert Dentressangle
Valérie Decamps
Michel Garcia
Jean Girma
Olivier Ginon

© Groupe Eyrolles

Jean Claude Lavorel
Philippe Marcel
Alain Mérieux
Franck Riboud
Jean-Émile Rosenblum
Patrick Van den Schrieck

Ces sportifs aussi...
Servane Escoffier
Maud Fontenoy

et ces brillants professeurs qui m'émerveillent
Pascal Chaigneau (HEC)
Ludovic François (HEC)
Julien Levy (HEC)

des amis coup de cœur :
Alexandre Debanne
Jean Claude Narcy

Marina Catena World Food Program
Benoit Vianney ND des sans abris

© Groupe Eyrolles

Sommaire

© Groupe Eyrolles

© Groupe Eyrolles

Introduction

« *La crise,* écrivait le penseur révolutionnaire italien Antonio Gramsci, *est ce qui sépare l'ancien du neuf.* » Nous y sommes. Rien ne sera plus comme avant. La crise va obliger à des remises en cause déchirantes et à rebattre les cartes. Déjà les lignes se déplacent. À grande vitesse ! Ainsi, pour ne prendre qu'un exemple, comment ne pas voir que de nombreuses idées jadis défendues par la seule galaxie altermondialiste sont aujourd'hui débattues voire reprises par les instances gouvernementales ?

Ces débats ne peuvent laisser indifférent le monde de l'entreprise, puisque c'est bien elle qui se retrouve au cœur de tous les débats et de tous les enjeux. Face à ce questionnement, elle ne peut rester ni muette ni immobile. Elle doit s'interroger sur sa nature et son devenir. Pour s'adapter à un monde en mutation accélérée, elle doit se repenser et se réinventer.

Il s'agit d'abord de réfléchir à sa vocation première. En effet, le renouveau de l'entreprise passe peut-être par un retour aux fondamentaux. Il est permis de penser qu'en se recentrant sur la production de biens et de services utiles à la société – plutôt que la création de valeurs uniquement pour l'actionnaire –, l'entreprise retrouve sa raison d'être. Cette révolution – au sens de retour sur soi, aux origines – s'accompagnera d'autres évolutions.

© Groupe Eyrolles

En effet, si la figure de l'entrepreneur ou du dirigeant se voit préservée de la logique exclusivement financière et court-termiste d'un certain type d'actionnaires, de nouveaux équilibres pourront se mettre en place, et une nouvelle organisation émergera. Bien sûr, pour fonctionner, une entreprise aura toujours besoin de salariés, de clients et de financements. Mais l'équilibre entre ces composantes sera nécessairement modifié. Il faudra aussi compter avec les acteurs extérieurs à ce triangle, car l'entreprise est aussi sommée de réinventer sa place dans la société. Avec la déception des espoirs mis dans l'État – dont la chute de l'utopie collectiviste est la manifestation la plus éclatante – l'entreprise s'est retrouvée en première ligne face aux multiples doléances de la société. Durant des décennies, l'entreprise est apparue plus efficace et plus puissante que les États. Elle a fait figure de planche de salut, voire d'utopie de substitution.

Cette assomption a son revers. Suscitant de grands espoirs, elle catalyse aussi une rancœur et des récriminations d'autant plus violentes qu'elle a entretenu, sciemment ou non, le mythe de sa toute puissance. Aujourd'hui, le réveil est brutal. L'entreprise doit donc trouver sa juste place dans la société. Entre repli égoïste et fiction de la toute-puissance, un nouvel équilibre doit, là aussi, être trouvé.

Cette recherche exigera de dépassionner le débat et de rompre avec les visions manichéennes. D'un côté, la société civile, les citoyens doivent admettre que l'entreprise n'est pas le diable, qu'elle n'est pas responsable de tous les maux qui frappent la société. De l'autre, l'entreprise doit reconnaître qu'elle est devenue l'une des institutions centrales autour desquelles s'organisent les sociétés contemporaines. C'est tout le sens de la fameuse Responsabilité Sociale de l'Entreprise (RSE). Ce débat lancé avant même la crise financière prend aujourd'hui une acuité particulière.

Mais d'autres défis attendent encore les entreprises. Car, si l'entreprise est immergée dans la société, celle-ci est aussi

© Groupe Eyrolles

présente dans l'entreprise. Mieux : l'entreprise est une société au sens humain du terme. Elle devra donc veiller à adapter les règles qui régissent cette communauté d'hommes et de femmes. Peut-être est-ce là d'ailleurs le principal levier dont elle dispose pour changer la société. Aujourd'hui quelque 80 % des hommes et des femmes en âge de travailler sont employés par des entreprises. Et, en France, ils y passent, pour l'essentiel, au minimum 35 heures par semaine. Dès lors, améliorer la vie professionnelle c'est améliorer la vie tout court !

De ce côté aussi, l'attente est forte. D'abord parce qu'un trop grand nombre d'hommes et de femmes n'ont pas accès à l'emploi, mais aussi parce que ceux qui en ont un en attendent bien plus qu'une simple rémunération. Le travail reste une valeur centrale de la société, si bien qu'il n'est plus seulement envisagé comme un moyen de subsistance. Chacun, y compris, et surtout, parmi les jeunes générations, souhaite aussi que son travail contribue à son épanouissement personnel. Or, nous sommes loin du compte.

Certes, la mutation des moyens de production et des modes de gestion a enrichi le travail d'un grand nombre de salariés autrefois cantonnés à des tâches d'exécution routinières. Cependant, cette évolution s'est accompagnée d'une hausse vertigineuse des souffrances psychiques dues à la pression, au stress, etc. dont les suicides motivés par des raisons professionnelles sont la manifestation paroxystique. De nouveaux équilibres et de nouvelles façons de faire devront être trouvés. À moins qu'il ne s'agisse, là encore, que d'en revenir au bon sens ?

Parmi les pistes qui se dégagent, la nécessité de redonner à l'homme toute sa place est véritablement primordiale. À vrai dire, tout y concourt, à commencer par la complexité croissante de l'environnement et des demandes auxquelles les entreprises doivent faire face. Pour ne prendre qu'un exemple, la tendance actuelle à associer offres de biens et de services replace l'homme au centre. Seuls les hommes et leur esprit d'initiative permettent de répondre à des demandes complexes

© Groupe Eyrolles

et évolutives qui défient les organisations et les procédures rigides. Dans un contexte marqué par la complexité et l'instabilité, la valeur des hommes redevient centrale. Reste alors à leur donner les moyens d'accomplir leur mission dans de bonnes conditions et aussi de leur donner la reconnaissance qu'ils méritent.

On peut en dire de même de l'exigence de créativité qui est au cœur de l'économie de l'immatériel. Plus que jamais, l'innovation et la connaissance sont devenues centrales dans la création de valeurs. Cela plaide également en faveur d'une revalorisation des hommes, de leur talent et même de leur originalité et de leurs différences. Envisagée ainsi, la diversité n'est plus une contrainte, mais un atout à valoriser.

Toutefois, il faudra alors s'affranchir de passions contemporaines encore bien vives, comme par exemple la fascination pour la technologie dont on croit encore trop souvent qu'elle est la planche de salut. Il faudra également se libérer de la propension actuelle à vouloir tout mesurer, quantifier, compter, traduire en indicateurs (notamment de performances). En effet, non maîtrisés, ces outils technologiques ou intellectuels contribuent, *in fine,* à déshumaniser l'entreprise, transformant une communauté vivante en une mécanique, en une somme de rouages et de *process* dépourvue d'âme, d'identité et de destin.

Il est donc temps d'inventer de nouvelles façons de diriger. La prudence reste de mise, car les écueils sont nombreux. Ainsi, comment se soucier du bien-être de ses salariés sans tomber dans les travers du paternalisme d'antan ou, pis encore, dans un « maternalisme » infantilisant ? Autre dilemme : comment remettre de l'humain dans la chaîne hiérarchique sans ressusciter les « petits chefs » et leur légendaire arbitraire ? Si le diagnostic des maux est relativement clair, les solutions ne sont pas si simples.

Une chose est sûre : il n'y a pas de « recette miracle » ! Les défis lancés à l'entreprise méritent mieux que les « y a qu'à »,

© Groupe Eyrolles

« faut qu'on » empruntés à la rhétorique de ceux qui la mettent en accusation ou à la morgue de certains consultants pétris de certitudes et de solutions toutes faites. Les enjeux à venir exigent donc des dirigeants, une révolution mentale. Le patron de demain ne ressemblera probablement pas à celui d'hier ni d'aujourd'hui. Déjà de nombreuses voix s'élèvent pour demander une réforme de la formation et du recrutement des élites, tant du côté politique, que de celui de la sphère économique. Il s'agit probablement de revoir les enseignements dispensés dans les écoles qui forment ces élites, de revaloriser les qualités humaines et les sciences humaines par rapport aux sciences dures. Il apparaît également essentiel de revoir les parcours.

Ces changements se heurteront inévitablement à la force des habitudes conjuguée à la puissance de certains corporatismes. Cette grande révision exigera donc du courage, que longtemps nous n'avons pas eu. Collectivement nous avons ignoré les problèmes ou repoussé au lendemain la réflexion sur les solutions et leur mise en œuvre. Cet immobilisme n'est plus de mise. Avec la crise, vient le temps de la libre réflexion et bientôt, espérons-le, celui de l'action. La crise a lancé un terrible défi à nos sociétés. Il reviendra à chacun de le transformer en opportunité, c'est tout l'objet de ce livre que d'y contribuer !

© Groupe Eyrolles

Partie I

L'entreprise au cœur de la société

I

L'entreprise, « force organisatrice » du monde globalisé

À la question « *Quels sont les mots-clés que vous associeriez aujourd'hui à votre métier ?* », Éric Saint Frison, alors P.-D. G. de Ford France répondait : « *Combat, court terme… Combat parce que je me perçois comme un chef de corps en 1916 dans la Somme, dans sa tranchée. Cela tire de partout, c'est violent, c'est frontal. La concurrence est extrême, on est trop nombreux sur le marché, il y a une grosse pression sur les coûts […]. Il faut se battre tous les jours pour tout. Et ce, avec le court terme pour horizon à cause de la pression des marchés*[1]. » Cette pression tous les hommes et les femmes de l'entreprise la connaissent et la vivent au quotidien.

Les « Trente Tumultueuses »

À tous les niveaux de la hiérarchie, chacun sait en effet que dans l'économie globalisée il n'y a plus de rente, plus de situation acquise. La chronique économique voit se succéder à un

---

1. *Golden Boss : patrons ou rentiers ?*, Olivier Basso, Catherine Blondel, Eyrolles, 2009.

© Groupe Eyrolles

rythme effréné ascensions fulgurantes et chutes fracassantes. À tout moment, l'irruption d'un concurrent, une rupture technologique, un changement réglementaire, une OPA ou la disparition d'un client peuvent ruiner des mois d'efforts, remettre en cause des projets, voire même l'existence d'une entreprise. Dans un récent ouvrage sur les stratégies d'entreprises, Philippe Escande, éditorialiste au quotidien Les Échos, décrit ainsi ce processus incessant de destruction-création. « *Succédant aux Trente Glorieuses triomphantes, les trente dernières années ont été celles de toutes les remises en question et ont modifié radicalement le paysage industriel mondial. Ce sont les Trente Tumultueuses. Elles ont eu raison de beaucoup de grands conglomérats – qui se souvient de la Compagnie générale des eaux ou de la Compagnie générale d'électricité ? – condamnés à se transformer ou à disparaître*[1]. »

C'est ainsi : tout va plus vite, tout est plus mouvant, plus fluide, plus incertain. C'est vrai pour les PME, mais également pour les grands groupes mondiaux. Un chiffre suffit à l'illustrer : en 2007, juste avant le déclenchement de la crise des subprimes, le volume des fusions-acquisitions a atteint le montant total de… 4 500 milliards de dollars ! Et pas moins de 20 % de ces opérations auraient été des prises de contrôle non sollicitées ! De quoi générer un certain stress en direction des entreprises, y compris parmi les plus solides.

Cette pression quotidienne qui s'exerce sur les dirigeants d'entreprise explique certainement qu'ils perdent parfois de vue cette réalité : la mondialisation les met sous tension et représente, simultanément, une nouvelle étape dans le triomphe de l'entreprise comme modèle d'organisation des sociétés humaines.

---

1. *Le Grand Bestiaire des entreprises*, Philippe Escande, Eyrolles – *Les Échos*, 2009.

© Groupe Eyrolles

L'entreprise au centre de nos vies

Pourtant, si l'on prend un peu de recul, en se reportant seulement vingt ans en arrière, ce phénomène passionnant s'impose avec la force d'une évidence. L'historien Félix Torrès l'affirme sans ambages : « *Quoi de neuf ? L'entreprise ! Voilà bien la triomphatrice du nouveau monde qui a émergé à la fin du XXe siècle, portée par cette mondialisation brassant partout hommes, cultures, sociétés, économies et dont on peut considérer qu'elle achève déjà, de 1989 à 2009, sa seconde décennie d'existence*[1]. » Il souligne une réalité que nous ne percevons plus tant nous l'avons intégrée comme normale et habituelle : l'essentiel de ce que nous faisons au fil de la journée et de ce que nous consommons au cours de l'année est conçu, créé, proposé par des entreprises. Bien sûr, l'entreprise figure au centre des moments que nous consacrons au travail. Mais elle demeure également très présente dans nos moments de repos et de détente. Est-ce utile de le rappeler ? La sphère marchande a donné naissance à ce que l'on a appelée « la société du loisir ». En réalité, l'entreprise a peu à peu façonné la façon dont nous vivons. Elle n'est pas seulement la force organisatrice de notre monde ; à bien des égards, elle est aussi celle de nos vies.

Pour Andreù Solé, sociologue et économiste enseignant à HEC-Paris ainsi qu'à l'université Paris I Panthéon-Sorbonne, cette dynamique historique constitue une « *entreprisation du monde*[2] » qu'il caractérise par un double mouvement d'extension. D'une part, ce mode d'organisation s'est étendu à la quasi totalité de la planète, suite à l'effondrement de l'URSS et à la conversion de la Chine à l'économie de marché ; d'autre part, là où elle existe, l'entreprise, « *prend en charge toujours plus d'activités et de relations humaines*[3] ».

---

1. *Repenser l'entreprise. Saisir ce qui commence, vingt regards sur une idée neuve*, Andreù Solé, sous la dir. de Jacques Chaize et Félix Torrès, Association Progrès du Management, Le Cherche Midi, 2007.
2. *Repenser l'entreprise, op. cit.*
3. *Ibid.*

© Groupe Eyrolles

L'administration s'essaie à la culture du résultat

Le mouvement de privatisation des services publics connaît peu de limites puisqu'il s'étend même aujourd'hui aux activités régaliennes comme la chose militaire. Sur de nombreux théâtres d'opérations, les forces armées occidentales sont maintenant épaulées par des Sociétés Militaires Privées (SMP) dont les combattants sont des salariés. Le phénomène est tout sauf anecdotique : en 2007, sur le seul territoire irakien, on recensait plus de 130 000 combattants privés !

Autre phénomène souligné par le sociologue : « *L'entreprise devient toujours plus le modèle obligé des autres organisations de l'activité humaine [...]. Nous assistons ainsi à la pénétration dans les autres organisations du langage, des méthodes, des techniques, des pratiques propres à l'entreprise*[1]. » C'est le cas des administrations qui, sous l'influence de la doctrine du *New Public Management,* se voient progressivement imposer des normes de gestion directement inspirées de celles en vigueur dans les entreprises privées comme, par exemple, la culture et la mesure du résultat.

Sur ce sujet, il ne faut néanmoins pas se méprendre : ce mouvement de réforme n'est pas seulement impulsé par la hiérarchie ou les autorités de tutelle. Lorsqu'elle est menée de façon intelligente, progressive et raisonnée, cette modernisation des modes de management et d'organisation peut bénéficier du soutien des cadres et des salariés de la fonction publique. Un grand nombre d'entre eux vivaient – ou vivent encore – la rigidité administrative et le caractère quasi militaire de leur organisation comme un carcan bridant leur capacité d'initiative. Lorsque les méthodes importées du privé offrent aux travailleurs du secteur public un surcroît de souplesse au quotidien et davantage de perspectives d'évolution de carrière, ils soutiennent toujours la réforme et y trouvent même une

------

1. *Refuser l'entreprise, op. cit.*

© Groupe Eyrolles

forme de fierté. Cet aspect n'est pas le moindre. J'ai en effet pu constater, notamment lors du recrutement de cadres et de salariés issus d'entreprises publiques, que nombre d'entre eux souffraient de la mauvaise image associée à leurs structures d'origine. Lorsque l'adoption de méthodes issues du privé débouche sur un renouvellement de l'image de marque de leurs structures et surtout sur une amélioration du service offert, les salariés y sont donc souvent favorables.

Ainsi, dans le secteur du transport, je pense que ce regain de fierté explique notamment pourquoi le mouvement de réforme engagé depuis 2003 par Jean-Paul Bailly a été finalement bien reçu par les postiers. Comme les mutations demandées débouchaient sur une amélioration du service, elles ont été finalement mieux acceptées par les agents que ne le craignaient certains observateurs. Il ne faut donc pas se tromper : tous les salariés sont attachés au travail bien fait et lorsque des résistances aux modes de gestion du privé se manifestent, elles ne s'expliquent pas seulement par des postures corporatistes. Elles expriment aussi la crainte – fondée ou non – que la réforme ne débouche sur un appauvrissement de qualité du service rendu aux usagers.

L'associatif devient une affaire d'entrepreneurs

Les blocages sont donc surmontables, car, globalement, les modes d'organisation issus de l'entreprise ont plutôt fait la preuve de leur efficacité. Ils permettent, le plus souvent, de rendre un meilleur service. C'est pourquoi, ils ne cessent de s'étendre, y compris dans le monde associatif qui compte désormais en France plus de 1,5 million de salariés, soit un effectif équivalent à celui de la fonction publique territoriale ! Docteur en sociologie de l'École des Hautes Études en Sciences Sociales (EHESS) et auteur d'un ouvrage de référence sur le sujet, Matthieu Héluy estime qu'en la matière, « *la véritable*

© Groupe Eyrolles

tendance réside dans le processus de conversion des associations relevant de la loi de 1901 en entreprises associatives[1] ». De fait, on recensait 120 000 associations employant du personnel salarié en 1990 contre 172 000 quinze ans plus tard. Pour Matthieu Hély, il s'agit d'une véritable métamorphose : « *Loin des images d'Épinal, des bons sentiments et de la charité des dames patronnesses, le monde associatif s'est profondément transformé, professionnalisé et technicisé.* » Et il conclut : « *la gestion d'une organisation relevant de la loi de 1901 requiert désormais des compétences de manager*[2]. »

Finalement, l'entreprise est donc bien devenue, selon le mot d'Andreù Solé, la principale force organisatrice de notre monde, prenant la place centrale autrefois occupée par d'autres institutions comme l'Église ou l'État. La mondialisation a d'ailleurs encore renforcé et accéléré ce processus, se traduisant en effet par une modification du rapport de forces entre les puissances publiques et les entreprises. De façon certes réductrice mais ô combien frappante, une étude réalisée il y a quelques années soulignait que parmi les 100 plus grandes puissances économiques de la planète, on comptait 51 entreprises contre 49 États[3]…

La mondialisation, création du pouvoir politique

Bien entendu, ce constat nourrit toute une littérature hostile à l'entreprise, notamment dans les milieux qualifiés d'altermondialistes. Ces derniers tendent à décrire cette montée en puissance des entreprises comme un hold-up, voire comme étant

1. *Les Métamorphoses du monde associatif*, par Matthieu Hély, Presses universitaires de France, 2009, cité in *Symbiose, La lettre de veille et d'analyse de la Société de Banque et d'Expansion*, avril 2010.
2. *Ibid.*
3. *Top 200: The Rise of Corporate Global Power*, Sarah Anderson, John Cavanagh, Institute for Policy Studies, 2000.

© Groupe Eyrolles

le résultat d'une conspiration ourdie par les grandes entreprises avec le soutien d'une armée de lobbyistes et la complicité de politiciens renégats et de fonctionnaires corrompus.

Notre propos ne s'inscrit nullement dans cette vision idéologique et quelque peu paranoïaque. En effet, les décisions qui ont abouti au triomphe de l'entreprise et au développement de la mondialisation n'ont pas toutes leurs sources dans les milieux d'affaires, bien au contraire !

Pour démêler les causes qui ont abouti à la mondialisation économique, un bref rappel historique s'impose. On a coutume de dire que la mondialisation est née avec la chute du mur de Berlin et l'effondrement de l'Union soviétique. En réalité, elle est née quelques années auparavant, de la rivalité entre le bloc occidental et le bloc soviétique. On l'oublie trop souvent aujourd'hui : à la fin des années 1970, l'Amérique doute d'elle-même et le monde doute de l'Amérique. Le traumatisme du Vietnam est encore bien vif et l'URSS semble engranger les succès, si bien que de nombreux experts craignent qu'elle ne finisse par triompher. Le climat est alors d'autant plus morose qu'au sein même du camp occidental, il faut compter avec un Japon dont le dynamisme industriel et l'agressivité commerciale inquiète l'Europe, mais davantage encore l'Amérique.

C'est dans ce contexte de récession économique, de dépression morale et de rivalités internationales que sont arrêtés, aux États-Unis, les choix politiques économiques qui donneront naissance à la mondialisation : alliance avec la Chine et dérégulation des marchés. Comme le rappelle Jean-Michel Quatrepoint dans un récent ouvrage[1] (ancien directeur de la rédaction de L'Agefi), c'est à cette époque que se noue un deal tacite entre les États-Unis et la Chine pour contenir tout à la fois la menace militaire soviétique et la menace économique japonaise. À partir de 1978, lorsque Deng Xiaoping accède au pouvoir à Pékin, les États-Unis décident de soutenir les

---

1. *La Crise globale*, Jean-Michel Quatrepoint, Mille et Une Nuits, 2008.

© Groupe Eyrolles

ambitions de l'Empire du Milieu, sa conversion progressive à l'économie de marché et… son intégration dans le commerce mondial. Un choix d'autant plus révolutionnaire que, simultanément, Washington entend déréguler d'un même mouvement son marché intérieur et les échanges mondiaux.

Le nouvel impératif : s'adapter pour survivre !

Ici encore, les arrières pensées géopolitiques ont compté. Lorsque Ronald Reagan devient président des États-Unis, son postulat est clair : « *Des entreprises trop grandes, des syndicats trop puissants, une part du travail trop importante dans la valeur ajoutée, un État obèse conduisent à la sclérose et font le jeu de l'URSS. La solution ? Revenir aux sources du libéralisme : concurrence à outrance, déréglementation, limitation du rôle des États, développement des échanges*[1]. »

La mondialisation résulte donc d'abord de considérations stratégiques. Son coup d'envoi a été décidé entre les murs de la Maison Blanche et non au sein des conseils d'administration des grandes entreprises. Ces dernières furent d'ailleurs les premières à faire les frais de cette nouvelle politique dont l'un des volets consistait à démanteler les monopoles jugés néfastes pour le dynamisme économique au moyen d'un renforcement des lois anti-trusts. Les géants que sont American Telephone & Telegraph (AT&T) et, dans une moindre mesure, IBM l'ont aussitôt appris à leurs dépens.

En réalité, les entreprises ont été placées dans l'obligation absolue de s'adapter à de nouvelles règles du jeu édictées par le pouvoir politique. Si elles apparaissent aujourd'hui à juste titre comme les principales bénéficiaires de ce nouveau monde, c'est avant tout grâce à l'extraordinaire agilité dont elles ont fait preuve pour s'adapter à ce nouvel environnement

---

1. *La Crise globale, op. cit.*

© Groupe Eyrolles

qui leur a été imposé et qui est devenu mondial suite à l'effondrement soudain du bloc soviétique.

C'est là que réside, à mon sens, le triomphe de l'entreprise comme modèle d'organisation : son agilité et sa formidable capacité à se transformer continuellement lui permettent de répondre au mieux à tous les changements auxquels elle est acculée. Les entreprises sont génétiquement programmées pour analyser le monde sous l'angle des partis à tirer d'une situation. Dans une enquête mondiale réalisée en 2008 par IBM, 98 % des 1 130 dirigeants d'entreprises interrogés estimaient devoir faire évoluer leur *business model* sous trois ans ! Et parmi les principaux facteurs de changements invoqués, ils citaient l'évolution des marchés (48 % de réponses) et des technologies (35 %), mais aussi l'évolution des compétences et des aspirations humaines (48 %)[1]. En effet, contrairement aux stéréotypes véhiculés, les entreprises portent également une attention soutenue aux mutations sociologiques et n'hésitent pas à se réinventer pour en tirer parti.

L'entreprise face aux mutations du marché

Ainsi, pour prendre un exemple concret, l'entreprise que j'ai dirigée pendant douze ans en France, TNT Express, est un des leaders du transport express. Nous nous situons donc au cœur des échanges économiques, à une place privilégiée pour observer la façon dont les entreprises évoluent. Nous avons ainsi remarqué qu'elles sont moins centralisées et sédentaires qu'auparavant et que leurs membres sont de plus en plus mobiles, autonomes et itinérants. C'est pourquoi, en plus de la livraison sur sites, nous avons décidé, en 2003, de nous appuyer sur un réseau de plusieurs milliers de commerçants afin de permettre aux destinataires de récupérer aisément leurs envois lorsqu'ils sont absents. Cette évolution

1. *The Entreprise of the Future*, IBM Global CEO Study, 2008 (www.ibm.com/fr).

© Groupe Eyrolles

stratégique nous a permis d'offrir une grande souplesse aux professionnels itinérants (commerciaux, visiteurs médicaux, artisans ou techniciens) en leur permettant de retirer les envois qui leur sont destinés directement dans un lieu familier, accueillant, proche de chez eux et disposant d'horaires d'ouverture étendus.

Enfin, fort des possibilités offertes par ce nouveau réseau, nous nous sommes positionnés sur le créneau porteur du e-commerce en pleine expansion. En effet, l'accord conclu permettait d'offrir une solution de livraison permettant à 85 % de la population française de se situer à moins de 5 kilomètres d'un commerçant partenaire et, ainsi, de nous positionner sur le marché du *b to c,* domaine réservé jusque-là aux postes nationales.

Tout cela peut sembler anecdotique, mais ne l'est absolument pas : ces solutions sont indispensables au développement du e-commerce qui connaît depuis plusieurs années un fort développement. En effet, lorsque l'on évoque le commerce électronique, on oublie trop souvent que l'achat de produits en ligne n'est dématérialisé que dans sa phase d'achat. Ensuite, une fois la transaction conclue, il est impératif d'acheminer les produits achetés aux clients dans les meilleurs délais et dans des conditions optimales. Tous les gestionnaires de sites de vente en ligne le répètent : la rapidité de livraison est cruciale. Qu'elle soit défaillante et tout ce modèle économique s'effondre. De la même façon, la possibilité offerte aux travailleurs itinérants de se faire adresser des colis au fil de leurs déplacements complète utilement la fluidité de l'information offerte par les technologies numériques dont ils sont pourvus. En faisant évoluer leurs services pour s'adapter aux nouvelles attentes des consommateurs et des professionnels, en exploitant les possibilités offertes par les nouvelles technologies, les entreprises comme TNT Express répondent donc aux besoins qui résultent de nouvelles façons de travailler et de consommer.

© Groupe Eyrolles

L'entreprise dans la « société en réseau »

Mieux que d'autres types d'organisations, les entreprises ont su tirer les conséquences de l'émergence de la « société en réseau » décrite, en 1999, par le sociologue espagnol Manuel Castells[1]. Constatant l'essor des délocalisations, la globalisation de la finance et la flexibilité des organisations, cet enseignant à l'université de Berkeley remarque que les entreprises ont subi une profonde métamorphose : « *elles ne sont plus organisées selon une logique de lieu, mais selon une logique de flux de capitaux, d'informations, de technologies...*[2] » Autrement dit, en quelques années seulement, les entreprises se sont transformées pour tirer le meilleur parti de la mondialisation et des nouvelles technologies. Simultanément, elles sont aussi parvenues à répondre à de profondes mutations sociologiques comme la quête d'autonomie, d'individualisme, de liberté et de créativité qui, en Occident, ont fait vaciller d'autres institutions comme l'État ou la famille.

Pour reprendre le titre du célèbre ouvrage de Luc Boltanski et Ève Chiapello, les entreprises ont suscité un « *nouvel esprit du capitalisme*[3] ». Dans ce livre paru juste après le trentième anniversaire de Mai 68, les deux sociologues constatent que les critiques adressées à une société jugée conservatrice, aliénante et étouffante ont été récupérées par l'entreprise. Loin de se référer encore à des valeurs autoritaires, paternalistes, hiérarchiques et pyramidales, l'entreprise a en effet développé, dans son management une nouvelle vision fondée sur le libre engagement des individus, le développement de leur potentiel et de leur autonomie, comme le remarquait l'auteur d'un récent dossier du magazine *Sciences Humaines* : « *Selon cette vision, ce qui fait la valeur des hommes, c'est leur capacité à utiliser*

1. *La Société en réseaux, Tome 1 – L'ère de l'information*, Manuel Castells, Fayard, 1999.
2. *Ibid.*
3. *Le Nouvel Esprit du capitalisme*, Luc Boltanski et Ève Chiapello, Gallimard, 1999.

© Groupe Eyrolles

leurs "réseaux" pour se "connecter" à des projets, puis s'en déconnecter pour mieux en lancer de nouveaux. Un contraste saisissant par rapport aux années 1960 : au cadre méritant et responsable inscrit dans la hiérarchie, succède la figure du manager, leader charismatique, mobile (géographiquement et mentalement), et visionnaire[1]. »

L'entreprise face à des demandes toujours plus pressantes

Ici encore, les entreprises ont démontré leur formidable capacité à innover pour répondre avec inventivité à une demande sociale, exprimée cette fois non par ses seuls clients, mais par ses salariés et le corps social tout entier. Si l'entreprise est devenue, au fil des trente dernières années, la principale « force organisatrice de notre monde », c'est donc aussi en raison de son réel pouvoir de séduction et parce qu'elle représente pour nos contemporains le meilleur moyen d'assouvir ses besoins et ses aspirations de tous ordres. Il est ainsi frappant de constater qu'en pleine crise économique et financière, les Français n'ont jamais été aussi nombreux à vouloir créer leur entreprise et que le terme « entreprise » évoque pour 6 % d'entre eux « quelque chose de positif ». De même, s'il s'agit « d'améliorer le fonctionnement de l'économie de marché », 43 % des Français affirment faire confiance aux entreprises, tandis que seuls 23 % pensent de même de l'État[2]…

Ce constat ne doit en aucun cas aboutir à une quelconque auto-célébration stérile de la part des dirigeants. Elle doit plutôt aboutir à une prise de conscience quant aux attentes immenses qui pèsent sur les entreprises. Les Français, comme les autres peuples, ne prétendent pas que l'entreprise leur

1. « Le clash des idées. 20 livres qui ont changé notre vision du monde », in *Sciences Humaines,* hors-série, janvier 2010.
2. « Les Français et l'économie de marché », sondage Opinion Way/ Fondation Croissance Responsable, février 2010.

© Groupe Eyrolles

convient dans son état actuel, mais ils affirment qu'ils lui font simplement confiance pour se réformer et trouver des réponses adaptées aux nouveaux défis économiques, sociaux et managériaux qui éclosent chaque jour. Ne nous leurrons pas : il s'agit là d'un défi redoutable ! Car si les entreprises ne tiennent pas leurs promesses, les louanges d'hier se transformeront en critiques d'autant plus acerbes et violentes que les espoirs placés en elles ont été démesurés. Or, il semble que ce processus a déjà commencé.

© Groupe Eyrolles

II

Les nouveaux contestataires

Un peu, à la folie, pas du tout ! Les sentiments de l'opinion publique à l'égard de l'entreprise et du travail sont partagés, instables, ambivalents, voire contradictoires. Devenues centrales dans la vie des hommes et dans celle des sociétés, les entreprises et leurs agissements nourrissent les conversations, suscitent des débats et sont scrutés non seulement par les médias, mais par une multitude d'associations plus ou moins bienveillantes.

Entreprises et citoyens : je t'aime, moi non plus !

Comme le remarquent les experts en communication Catherine Malaval et Robert Zarader, « *les relations entre l'entreprise et l'opinion sont tumultueuses et passionnelles*[1] ». Or, les entreprises ont rarement le beau rôle : « *Victimes du désamour des opinions au gré des fermetures de sites industriels, de plans sociaux, de scandales financiers, les entreprises et leurs dirigeants déploient, tant bien que mal, des stratégies de communication*

---

1. *La Bêtise économique*, Catherine Malaval et Robert Zarader, Perrin, 2008.

© Groupe Eyrolles

rarement efficaces. [...] Des unes de presse à l'ouverture des jour-
naux de 20 heures, les entreprises et leurs malheurs occupent une
place centrale dans le débat public[1]. » Le plus souvent, pour des
raisons liées au fonctionnement médiatique et à la sensibilité
de l'époque, l'émotion prime sur l'analyse. Le manichéisme
est de mise, mais il est temps de s'en extraire.

Ayant passé trente ans de ma vie en entreprise, en tant que
salarié, puis en tant que patron désormais, il m'est parfaitement insupportable de voir celle-ci présentée sous les traits
d'un monstre froid et cynique voué à l'exploitation des
travailleurs et à l'abrutissement des consommateurs. Pour
ma part, même si ce fut parfois difficile, je conserve plutôt
d'excellents souvenirs de ma vie professionnelle et ne suis
nullement impatient de la voir arriver à son terme. N'ayant
pas réalisé de longues études, l'entreprise a été mon université
et une école de vie qui m'a permis de m'accomplir pleinement. La chance me l'a autorisé : en débutant comme simple
commercial chez Jet Services – devenue ensuite TNT Express
après son rachat –, j'ai immédiatement été en contact avec le
meilleur atout offert par la vie professionnelle : une véritable
aventure entrepreneuriale !

Roger Caille, fondateur de Jet Services, était un homme de
passion qui aimait son entreprise et l'envisageait comme une
grande famille qu'il avait pour mission de faire croître et pros-
pérer. Cette attitude paternaliste allait toutefois de pair avec
une très forte exigence servie par un tempérament bouillant.
Ses colères demeurent légendaires et, contrairement à ce que
conseillent les manuels de management, Roger Caille n'était
pas homme à prodiguer sans cesse des compliments ; il fallait
savoir décrypter. Ainsi, lorsqu'il bougonnait « ce n'est pas
trop mal », c'était en réalité pour manifester sa satisfaction. Il
n'était donc pas toujours aisé de travailler avec lui au quotidien, et il m'est même arrivé de songer à partir, ce que je n'ai
pas fait. Je m'en félicite d'ailleurs, car son exigence à l'égard de

---

1. *La bêtise économique, op. cit.*

© Groupe Eyrolles

ses collaborateurs traduisait en réalité une grande confiance. En demandant beaucoup à ses collaborateurs, il leur signifiait aussi qu'ils pouvaient se surpasser, progresser, non seulement pour l'entreprise, mais pour eux-mêmes. En un mot, Roger Caille croyait aux hommes et se faisait un devoir de révéler leur potentiel, fut-ce en les brusquant un peu, parce qu'il était d'une autre génération, élevée « à la dure », qui croyait fermement au travail et au mérite. En cela, c'était un grand patron qui restera toujours pour moi un modèle.

Sortir du manichéisme et des affrontements idéologiques

Toutefois, je ne suis pas naïf : je sais que toutes les entreprises ne ressemblent pas à celle dans laquelle j'ai grandi. C'est pourquoi, lorsque j'entends certains discours managériaux présenter l'entreprise comme un univers nécessairement merveilleux dans lequel hommes et femmes ont la garantie de créer de la richesse, de s'épanouir individuellement et de participer à des aventures collectives évidemment exaltantes, les bras m'en tombent ! Je n'oublie pas que j'ai été chanceux de travailler aux côtés d'un homme tel que Roger Caille. J'ai parfaitement conscience que la réalité est donc contrastée et que l'entreprise ne ressemble ni à la description qui en est faite par ses adversaires, ni à celle qu'en donne la *doxa* managériale.

À en croire certains observateurs, cet affrontement idéologique à coups de descriptions caricaturales serait pourtant inévitable tant il résulte des règles de la communication et de la propagande. Mais, se disputer ainsi les faveurs de l'opinion à coup d'affirmations péremptoires, de déclarations à l'emporte-pièces et de raisonnements biaisés n'est pas sain. Je suis même persuadé que ces deux discours sont également déstabilisants tant pour les entreprises et leurs dirigeants que pour leurs salariés. Il est donc urgent de sortir de ces débats stériles pour revenir simplement au réel.

© Groupe Eyrolles

Seul celui-ci peut en effet réconcilier durablement l'entreprise et les Français. C'est en leur exposant les vraies contraintes qui pèsent sur les entreprises que l'on pourra expliquer le sens et la légitimité de décisions qui pourraient paraître absurdes, égoïstes ou cyniques. On pourra réellement « trier le bon grain de l'ivraie » et identifier ceux qui, dans l'univers économique, se comportent effectivement mal et méritent l'opprobre qui rejaillit injustement aujourd'hui sur l'ensemble des entreprises et du patronat.

Accepter les critiques et le débat pour progresser

Je pense qu'il est possible d'engager un débat constructif avec certains de ceux qui vouent l'entreprise privée, le système capitaliste et le management contemporain aux gémonies. Il me semble même que notre rôle de dirigeant consiste aussi à entendre ces critiques et à prendre en compte certaines d'entre-elles, non pour battre notre coulpe, mais pour examiner si elles ne désignent pas de vrais dysfonctionnements auxquels nous pourrions remédier.

Comme nous l'avons constaté depuis les années 1970, l'entreprise a finalement été capable de se transformer considérablement pour prendre en compte les critiques qui lui étaient adressées par ceux qui estimaient qu'elle bridait la créativité et aliénait la liberté de ses salariés[1]. Je suis, pour ma part, persuadé qu'elle peut également se nourrir des critiques émises par ses adversaires actuels. Par cette affirmation, certains penseront que je trahis la cause de l'entreprise, mais ils ont tort : ma démarche résulte, au contraire, de ma foi dans l'entreprise. Contre ceux qui l'attaquent et la jugent, j'affirme qu'elle n'a pas perdu son ressort et qu'elle peut aujourd'hui encore se réformer avec succès pour répondre aux défis qui lui sont adressés.

---

1. *Le Nouvel Esprit du capitalisme*, Luc Boltanski et Ève Chiapello, Gallimard, 1999.

© Groupe Eyrolles

En choisissant une telle voie, l'entreprise ne ferait d'ailleurs qu'agir conformément à sa nature profonde. Fondamentalement, qu'est-ce qui constitue la force d'une entreprise ? C'est, avant tout, sa capacité à répondre aux demandes qui lui sont adressées par ses clients. Néanmoins, la puissance et la légitimité des entreprises résident davantage dans leur capacité à répondre aux requêtes qui leur sont adressées par la société tout entière. Or, ces sollicitations ne portent pas seulement sur la production de biens et de services, mais aussi sur la façon dont les entreprises agissent, s'organisent, se comportent et se positionnent dans la société et à l'égard de leurs salariés.

Et qu'on ne prétende pas qu'affirmer cela revient à se comporter en dangereux révolutionnaire ou en démagogue ! Car les entreprises ont de tout temps agi de la sorte ; elles n'ont cessé de se nourrir des critiques qui leur étaient adressées. Rappelons-nous, par exemple, que l'organisation actuelle des unités de production doit beaucoup aux attaques lancées autrefois contre le taylorisme. Ainsi, lorsqu'au milieu des années 1950, le sociologue Georges Friedmann a publié Le Travail en miettes[1] pour dénoncer les effets du travail à la chaîne, sa charge était d'une grande violence. Dans une perspective qui n'était pas sans rappeler Les Temps modernes (1936) de Charlie Chaplin, il soulignait le coût social et humain d'un travail décomposé en tâches éclatées, parcellaires et effectuées à une cadence soutenue par des ouvriers spécialisés privés de savoir-faire. Son propos consistait essentiellement à dénoncer un univers jugé inhumain et peu réformable. D'ailleurs, en guise de solutions, Georges Friedmann penchait plutôt pour le développement des loisirs en dehors du travail. Sans grande illusion sur la capacité des entreprises à organiser différemment la production, il proposait l'instauration d'une logique de compensation.

© Groupe Eyrolles

---

1. *Le Travail en miettes,* Georges Friedmann, 1956, nouvelle édition revue et augmentée, collection « Idées », Gallimard, 1964.

Or, de ces critiques, l'entreprise a fait tout autre chose. L'organisation du travail a effectivement été revue de fond en comble de façon à redonner du sens aux gestes accomplis par les travailleurs, à préserver les savoir-faire et renforcer la motivation sur laquelle repose désormais essentiellement le management. Globalement, sous l'influence des travaux de Friedmann, mais aussi de Maslow et de McGregor, le management pyramidal fondé sur une organisation scientifique du travail a laissé la place à un management libéral centré sur l'épanouissement des individus.

Cette dynamique n'est pas parfaite, mais demeure incontestable. Comme l'écrit Alain Lancry, professeur de psychologie du travail et d'ergonomie à l'Université de Picardie Jules Verne : « *d'autres formes de direction des hommes font également une place privilégiée à l'autonomie (management par objectifs) ou privilégient le potentiel des personnes (gestion par compétences) ou encore les connaissances partagées (l'apprentissage organisationnel). Bref, on ne dirige plus une entreprise comme on le faisait jadis, convaincu que le pouvoir et la prise de décision ne se partageaient pas*[1] ». À partir des critiques qui lui étaient adressées, l'entreprise a donc cherché à améliorer autant que possible les conditions de travail et l'agrément que les salariés peuvent retirer des tâches qui leur sont confiées tout en poursuivant, bien évidemment, un objectif d'efficacité. D'une critique radicale exprimant du scepticisme sur la possibilité de s'épanouir au travail, elle a fait une occasion de progrès économique, social et managérial.

Refuser la guerre de tranchées et surprendre les contestataires !

Pourquoi donc une telle démarche ne serait-elle plus possible aujourd'hui ? Je suis convaincu que l'on peut envisager la même solution face aux récriminations et aux critiques adressées actuellement à l'entreprise, y compris celles émanant des

1. *L'Ergonomie*, Alain Lancry, Presses universitaire de France, 2009.

© Groupe Eyrolles

théoriciens les plus radicaux dont les altermondialistes font partie. Je suis même persuadé que c'est en démontrant ainsi sa souplesse que l'entreprise triomphera de ceux qui veulent prouver son illégitimité.

Face aux critiques, il ne faut donc pas être sur la défensive, mais accepter de les examiner à l'aune du réel et, bien sûr, ne pas craindre d'avancer ses propres arguments et ses propres valeurs, tout en évitant le dogmatisme. En d'autres termes, il faut éviter à tout prix que s'instaure une interminable guerre de tranchées avec des positions figées. Il faut, au contraire, privilégier le mouvement, surprendre les contradicteurs en adoptant des positions hardies et inattendues et ne pas craindre d'aller même parfois se battre sur leur propre terrain. L'entreprise remportera ainsi cette confrontation d'un genre particulier puisque son objectif consiste non pas à vaincre les adversaires, mais à les convaincre et également à s'améliorer elle-même.

Surmonter le « syndrome de Calimero »

Bien sûr, cette tâche n'est pas aisée. Elle sera même rendue plus compliquée par une série de facteurs et de tendances qui, aujourd'hui, tendent à placer systématiquement l'entreprise en position d'accusée. L'un de ces principaux facteurs est ce que le journaliste et essayiste David Abiker a appelé, le « syndrome de Calimero » en référence au célèbre dessin animé des années 1970, dans lequel un oiseau à l'œil humide répétait comme une rengaine que « *la vie est vraiment injuste, trop injuste*[1] » ...

Notre époque se signale en effet par un goût immodéré pour la posture de la victime. Respectivement psychanalyste et avocat, Caroline Eliatcheff et Daniel Soulez Larivière posent le même diagnostic avec une inquiétude non dissimulée :

---

1. *Le Mur des Lamentations – Tous victimes et fiers de l'être !*, David Abiker, Michalon, 2006.

© Groupe Eyrolles

« *Jusqu'où irons-nous dans cette victimisation généralisée ?*[1] », s'interrogent-ils dans un ouvrage pointant du doigt le désir de lynchage qui en résulte. En effet, s'il y a une victime, il existe forcément un coupable qui doit être dénoncé et châtié, sinon par les tribunaux de la République, au moins par le tribunal médiatique. Car, dans son délire de persécution, la victime cherche aussi à sortir de l'anonymat : « *Nous voulons être à la fois tous égaux et tous différents. Deux façons s'offrent à nous pour résoudre cette tension : la performance et la victimisation*[2] », notent les auteurs. La seconde option est bien sûr plus facile, simple question de physique : les pentes descendantes sont plus faciles à emprunter que les trajectoires ascendantes !

Dans cette mécanique médiatique mêlant compassion (pour la « victime ») et dénonciation (du « coupable »), les puissants – ou réputés tels – sont toujours du mauvais côté. C'est ainsi : dans la rhétorique victimaire, le gros a forcément tort et le petit raison, pour le simple fait que le « gros » est gros et que le « petit » petit. Peu de place est accordée à la raison dans ces processus médiatiques : ce qui compte, c'est l'émotion. Ce phénomène généralisé ne touche pas seulement les entreprises, toutes les organisations ou institutions censées incarner le pouvoir ou l'autorité sont concernées. Directeur-adjoint du Point et auteur de La République compassionnelle, Michel Richard déplore ainsi le fait que « *nous [soyons] dans une démocratie d'émotion*[3] ».

Tenir sa place dans la « démocratie d'influence »

Pour ne rien arranger, cet engouement sans précédent pour la victimisation se produit paradoxalement au moment où

---

1. *Le Temps des victimes*, Caroline Eliatcheff et Daniel Soulez Larivière, Albin Michel, 2007.
2. *Ibid.*
3. *La République compassionnelle*, Michel Richard, Grasset, 2006.

© Groupe Eyrolles

l'autorité n'a jamais été aussi faible et le pouvoir plus dilué. C'est une seconde tendance avec laquelle l'entreprise doit composer. Comme le soulignent Ludovic François, professeur à HEC, et co-auteur avec François-Bernard Huyghe d'un ouvrage sur le sujet, la nature du pouvoir a changé[1]. Alors qu'il reposait autrefois sur l'autorité, il résulte désormais du compromis et d'un incessant croisement d'idées, de représentations, de symboles et de valeurs : « *Désormais, écrivent-ils, le véritable pouvoir, non pas celui qui gère et exécute, mais celui qui détermine les orientations futures de la Cité [...] est partagé par une multitude d'entités en réseau. Celles-ci agissent par l'information en diffusant leur vision du monde et progressivement façonnent ainsi les aspirations collectives*[2] ».

Cette mutation est particulièrement frappante en matière politique. Chacun a pu constater que désormais la décision publique devient le fruit d'un processus de structuration de l'opinion et d'interventions de multiples acteurs. Ainsi, l'élaboration des lois ne se déroule plus dans l'enceinte des assemblées parlementaires, mais passe par de plus en plus de procédures consensuelles, de rapports de personnalités et par la consultation de groupes intéressés : « *La démocratie ne consiste plus à désigner des représentants légitimés par les urnes, qui décideront pendant un temps défini. Elle est devenue un exercice permanent d'influence et de contre-influence de groupes qui cherchent à emporter la décision*[3] ». Selon l'expression de Pierre Rosanvallon, nous sommes ainsi entrés dans l'ère des « contre-démocraties », faisant la part belle à la vigilance, la critique, la surveillance, la revendication voire à la stigmatisation[4]. Cela ne facilite pas la tâche de ceux qui incarnent l'autorité.

---

1. *Contre-Pouvoirs de la société d'autorité à la démocratie d'influence*, Ludovic François et François-Bernard Huyghe, Eyrolles, 2009.
2. *Ibid.*
3. Ludovic François in *Communication & Influence*, n° 8, mars 2009.
4. *La Contre-Démocratie. La politique à l'âge de la défiance*, Pierre Rosavallon, Le Seuil, 2006.

© Groupe Eyrolles

L'entreprise, objet de désirs et de récriminations

Désormais, autant ou davantage que l'État, ce sont les entreprises qui représentent le pouvoir vers lequel on se tourne avec espoir ou rancœur. C'est le revers inévitable du triomphe de l'entreprise et du reflux relatif de la puissance publique. Désormais, l'entreprise est en première ligne face aux nouvelles formes de contestation. Ce constat permet aux frères ennemis néolibéraux et altermondialistes de se rejoindre, malgré eux. Les premiers postulent depuis les années 1980 que l'État est une structure obsolète incapable d'assurer la protection de ses ressortissants, les seconds les prennent au mot : « *puisque l'économique est malheureusement déterminant et que l'État est devenu impuissant,* affirment-ils en substance, *alors il faut s'adresser aux vrais "maîtres du monde" : les entreprises* ».

Cette nouvelle donne incontournable exige que les entreprises changent de posture. Un double mouvement semble nécessaire : le premier est déjà largement engagé ; il consiste, pour les entreprises, à prendre acte du fait que leur nouvelle puissance implique des devoirs renforcés à l'égard de la société. Face aux militants qui dénoncent les licenciements, les atteintes à l'environnement, l'exploitation de la main-d'œuvre, etc., les entreprises ont réagi en acceptant et même en promouvant les principes de développement durable et de Responsabilité Sociale de l'Entreprise (RSE).

Toutefois, trop souvent, les initiatives prises en vertu de la RSE semblent artificielles parce qu'elles ne relèvent pas directement du cœur d'activité de l'entreprise. Dans le pire des cas, l'opinion peut considérer qu'il s'agit d'une simple opération de communication déconnectée du réel. Pour dénoncer les entreprises qui lancent des campagnes de communication sur le thème de l'environnement sans que de véritables actions ne soient menées, les groupes de pression écologistes ont formé un néologisme assassin : le « greenwashing ». De

© Groupe Eyrolles

la sorte, ils entendent dénoncer le manque de sincérité et d'engagement réel.

Spécialiste de la communication d'entreprise et fondatrice de l'Institut de la qualité de l'expression, Jeanne Bordeau met en garde les patrons : « *En ce moment, remarque la fondatrice de l'Institut, qui oserait ne pas parler de développement durable ? Si c'est en lien avec l'activité, c'est bien, mais il ne faut pas parler que de cela. De la même façon, se lancer dans le mécénat humanitaire ou créer une fondation contre l'illettrisme n'est pas nécessairement adapté. Mieux vaut que les symboles expriment l'essence même de l'entreprise !*[1] »

La vraie vocation de l'entreprise : répondre à la demande

La plupart des experts en communication insistent sur la nécessité d'agir avec sincérité. Cependant, j'irais plus loin encore en osant affirmer que la franchise ne suffit pas. En effet, les actions humanitaires, écologiques ou charitables menées en marge de l'activité normale de l'entreprise ont un grave défaut : elles relèvent d'une logique de compensation finalement assez pernicieuse. Elles contribuent à laisser entendre que la légitimité de l'entreprise ne réside pas dans son cœur de métier et dans son activité, mais qu'elle résulte du réinvestissement d'une partie de la richesse créée dans des projets extérieurs à travers lesquels elle s'offrirait un supplément d'âme. Ce schéma laisse donc perdurer l'idée fausse selon laquelle l'entreprise est avant tout une « machine à générer du cash ». Si bien que son utilité sociale se perçoit seulement dans l'usage qu'elle fait ensuite de l'argent qu'elle a gagné.

Bien sûr, je n'affirme pas que les entreprises doivent cesser de soutenir telle ou telle cause en apportant leur concours financier à des associations ou à des fondations. Cela est éminemment respectable, mais se situe en-deçà de l'enjeu.

© Groupe Eyrolles

---

1. *La Lettre Alter&Go*, n° 22, juillet 2008.

Le véritable défi est en effet d'une autre ampleur. Il consiste à démontrer que les entreprises fidèles à leur vocation sont utiles à la société en vertu de leur activité même, parce que cette activité répond à un vrai besoin.

Et si l'entreprise redevenait elle-même ?

Tel est, à mon sens, le grand enjeu des années à venir : faire comprendre que les entreprises sont légitimes en elles-mêmes, que leurs activités, si anodines soient-elle en apparence, ont du sens, tout simplement parce qu'elles répondent à des besoins. De la sorte, l'entreprise répondra efficacement aux critiques qui lui sont adressées, notamment par les théoriciens les plus virulents de la galaxie altermondialiste. Elle se réconciliera non seulement avec ses salariés, mais avec la société tout entière.

Pour y parvenir, il est toutefois nécessaire de reconnaître qu'au cours des trente dernières années, l'entreprise s'est laissée entraîner dans un certain nombre d'évolutions, voire de dérives, qui remettent en cause sa légitimité et menacent son efficacité. Les patrons et les managers ne doivent pas avoir peur de cet examen critique. Certes, il conduira à valider certaines critiques adressées à un capitalisme contemporain financiarisé à l'excès. Mais cela ne sera pas si douloureux qu'on ne se l'imagine parfois. En effet, pour les entreprises, cette démarche ne prendra pas tant la forme d'une remise en cause que d'un retour aux fondamentaux. C'est en redevenant elle-même, c'est-à-dire le type d'organisation le plus efficace pour permettre aux hommes de travailler ensemble pour répondre aux besoins exprimés par la société, que l'entreprise retrouvera sa légitimité.

© Groupe Eyrolles

III

La mutation
du capitalisme

Qu'est-ce qu'une entreprise ? Selon une définition classique résumant « l'opinion commune » il s'agit d'une « *structure économique et sociale comprenant une ou plusieurs personnes et travaillant de manière organisée pour fournir des biens ou des services à des clients dans un environnement concurrentiel ou non concurrentiel. Une entreprise est créée et généralement dirigée par un entrepreneur. Elle se différencie du simple projet dont l'organisation est destinée à se dissoudre à son terme. Elle est plutôt conçue dans la durée et pour la conduite de projets similaires, ce qui implique une pérennité des structures. Pour exister dans un environnement concurrentiel, une entreprise doit satisfaire ses clients et générer un profit, c'est-à-dire réaliser un chiffre d'affaires supérieur à la somme de ses coûts* [1]. »* Sans être totalement fausse, cette définition se révèle toutefois discutable au regard des bouleversements subis par l'entreprise au cours des vingt ou trente dernières années.

© Groupe Eyrolles

---

1. Empruntée à l'encyclopédie collaborative en ligne Wikipédia, cette définition reflète bien la définition classique de l'entreprise.

Les multiples mutations de l'entreprise

L'entreprise a en effet été fortement impactée par la mutation du capitalisme qui s'est produite sous les effets conjugués de la mondialisation et de la financiarisation de l'économie. Certains éléments de cette définition classique n'y résistent pas.

Certes, l'entreprise reste généralement « conçue pour durer ». Mais, combien y parviennent effectivement ? L'espérance de vie des entreprises cotées est passée de 65 ans en moyenne dans les années 1920 à environ 10 ans aujourd'hui ! Et si l'entreprise atteint une certaine pérennité, c'est souvent au prix d'un changement complet de projet, d'une révision drastique de son business model et du redéploiement sur un nouveau marché. Dans L'Océan bleu, un best-seller vendu à plus d'un million d'exemplaires dans le monde, Chan Kim et Renée Mauborgne, professeurs de stratégie à l'Insead, résument ainsi la situation : « *Pour générer une croissance rentable, l'entreprise qui se trouve dans un environnement concurrentiel saturé, où les produits se ressemblent de plus en plus et où la guerre des prix fait rage, doit s'affranchir des contraintes de son marché. Et pour sortir de l'océan rouge de la concurrence, il faut effectuer un déplacement stratégique susceptible de lui faire découvrir un espace de marché nouveau : l'océan bleu*[1]. »

Certes, conformément à la définition classique, l'entreprise doit « satisfaire ses clients et générer du profit » pour survivre. Mais, là aussi, un glissement s'est produit. Il tient à un renforcement considérable des exigences exprimées par les uns et les autres. Comme l'écrit dans un ouvrage paru il y a quelques années Jean-Marie Descarpentries, ancien P.D.-G. de CarnaudMetalBox et de Bull : « *l'entreprise est soumise à des pressions contradictoires d'une intensité croissante. Elle fait face à un niveau d'exigence considérable de la part des actionnaires en matière de résultats financiers et de perspectives à court terme. Remplacement des dirigeants, fusions imposées, OPA hostiles, etc.,*

---

1. *Stratégie Océan bleu : comment créer de nouveaux espaces stratégiques*, Chan Kim et Renée Mauborgne, Pearson, 2008.

© Groupe Eyrolles

les sanctions tombent de plus en plus vite. [...] Pour satisfaire les actionnaires, l'entreprise doit parvenir à répondre par ailleurs aux attentes de clients-rois devenus tyrans[1]. »

L'entreprise sous la pression des actionnaires

La pression des actionnaires est bien le phénomène le plus marquant. Elle a notamment conduit à une modification radicale de la gouvernance des grandes entreprises. Certes, comme le postule la définition classique, le plus souvent, l'entreprise est encore « initiée par un entrepreneur. » En revanche, lorsque l'entreprise est cotée, il est de plus en plus rare que celui-ci reste à sa tête à l'issue de la phase d'envol. Il laisse ensuite la place à un dirigeant nommé par les actionnaires qui n'est pas nécessairement issu des rangs de l'entreprise de départ, si bien que le lien affectif entre l'entreprise et ses dirigeants se distend considérablement. Enfin, ce nouveau dirigeant reste moins longtemps en fonction et passe plus rapidement qu'auparavant d'une entreprise à une autre, tantôt par sa volonté, tantôt contre son gré. Selon une étude américaine parue en 2005, avant même les tumultes provoqué par la crise financière, dans les 2 500 plus grandes entreprises mondiales, la durée effective du mandat des dirigeants avait baissé de plus de 25 % en dix ans et le taux de départs forcés atteint désormais 31 % aux États-Unis et 42 % en Europe[2]. Pour l'économiste Jean-Luc Gréau, ancien expert économique du Medef, « *la prise de pouvoir par les opérateurs boursiers, à compter du début de la décennie 1980, a entraîné une subordination des entreprises et de leurs directions en vue de dégager les superprofits que réclament ces opérateurs[3]* ».

---

1. *L'Entreprise réconciliée : Comment libérer son potentiel économique et humain*, Jean-Marie Descarpentries et Philippe Korda, Albin Michel, 2007.
2. « CEO, la fin d'une ère. Étude sur le renouvellement des CEO des 2 500 plus grandes entreprises mondiales », Booz Allen Hamilton, 2005.
3. *La Trahison des économistes*, Jean-Luc Gréau, Gallimard, 2008.

© Groupe Eyrolles

Des effets dévastateurs sur le climat social

Cette vision est partagée par de nombreux analystes qui ne manquent pas d'en souligner les effets néfastes pour le climat social des entreprises et celui de la société entière. Toutefois, il est évidemment légitime que les actionnaires soient rémunérés pour leur apport d'argent et parfaitement normal qu'ils aient des exigences en termes de rentabilité. Néanmoins, lorsque les rendements exigés sont trop importants et les délais consentis pour les atteindre trop courts, ces exigences ne peuvent alors être satisfaites qu'aux dépends des autres parties, voire de l'intérêt de l'entreprise elle-même. Dans un récent ouvrage, le journaliste économique Jean-Michel Quatrepoint, soulignait que : « *À l'époque du fordisme, on avait l'habitude de partager les gains de productivité, fifty-fifty, entre l'entreprise et les salariés. Aujourd'hui, on est à deux tiers/un tiers. [...] La priorité de l'entreprise*, poursuit l'ancien directeur de la rédaction de L'Agefi, *n'est plus de produire des richesses, d'assurer une juste rémunération de ses salariés et de participer au développement de la collectivité dans laquelle elle évolue. Non, sa priorité est d'assurer à ses actionnaires le meilleur retour sur investissement possible[1].* »

Cette nouvelle répartition ne traduit pas une évolution mais une révolution. Peu suspect de desseins subversifs, Érik Izraelewicz, directeur de la rédaction de La Tribune fait d'ailleurs le même constat. Alors que l'entreprise était traditionnellement envisagée comme un triangle dont les trois pointes sont ses clients, son personnel et ses actionnaires, il remarque que, souvent, elle ne ressemble plus à ce modèle idéal. « *La crise*, écrit-il, *a révélé la fin de ce triangle d'or, sa déformation. Sous l'effet de la financiarisation de l'économie, l'entreprise a été conduite à abandonner ce qui constituait à l'origine sa raison d'être : la production de richesse pour tous. Elle ne fonctionnait plus, ou presque, que pour un seul objectif : dégager à court terme*

---

1. *La Crise globale, op. cit.*

© Groupe Eyrolles

et systématiquement, de la valeur, un maximum de valeur pour ses propriétaires. Le capital financier avait pris le dessus[1]. »

Le climat social en est considérablement dégradé. Constatant que la quête de valeur pour l'actionnaire peut aller jusqu'à sacrifier des établissements et des salariés pourtant rentables, Henry Mintzberg, professeur de management à l'université McGill de Montréal, estime qu'il s'agit d'un *« dogme antisocial qui n'a pas sa place dans une société démocratique »*, car *« il engendre une société d'exploitation [2] »*. Son opinion est partagée par un nombre croissant de salariés. Selon un récent sondage, aujourd'hui, en France, 84 % des salariés estiment que *« les intérêts des dirigeants d'entreprises et des salariés ne vont pas dans le même sens »*. Plus significativement encore, *« la moitié des cadres partage cet avis[3] »*. La financiarisation de l'économie et le renforcement du pouvoir des actionnaires consécutifs à la libre circulation des capitaux ont provoqué une grave fracture au sein de l'entreprise.

Tous les patrons ne sont pas des « valets du capital » !

L'entreprise oppose-t-elle vraiment les patrons et les salariés, comme nous pourrions le croire et comme le souhaiteraient certains propagandistes trop pressés de démontrer que les patrons sont décidément des « vendus » voire même des « salauds » ?

---

1. *« Du triangle d'or au carré magique »*, Érik Izraelewicz, in *Réinventer l'entreprise. Repères pour une crise qui va durer*, sous la dir. de Jean-Marc Le Roux et Bernard Ramanantsoa, Pearson, 2010.
2. *Des managers, des vrais ! Pas des MBA : Un regard critique sur le management et son enseignement*, Henry Mintzberg, Éditions d'Organisation, 2005.
3. « Salariés et sortie de crise », enquête réalisée par TNS Sofres pour Altedia, 30 novembre 2009.

© Groupe Eyrolles

Ce serait trop simple ! Bien évidemment, il faut tout d'abord distinguer les types de patrons et les types de sociétés. Le patron d'une PME ne se trouve pas dans la même situation que le dirigeant d'une entreprise du CAC 40. Même au sein des entreprises cotées, il faut distinguer celles qui disposent d'un actionnariat stable – par exemple familial – et celles qui sont exposées à un actionnariat volatile, plus exigeant à court terme. Toutes les configurations et tous les types de patrons existent, car malgré des traits communs dictés pas leurs responsabilités, les dirigeants sont aussi des êtres humains dotés de personnalités et de références morales qui leur sont propres. Tous n'ont pas les mêmes rémunérations ni le même comportement. Certains se considèrent au service de l'actionnaire, tandis que d'autres se positionnent différemment et se sentent comme les avocats de l'entreprise et de ses salariés auprès des actionnaires, ou, tout autant efficacement, comme des arbitres entre les revendications et exigences des uns et des autres. Rien n'est donc plus stupide que de mettre tous les patrons dans le même sac comme le fait parfois une certaine presse par sensationnalisme, bêtise ou démagogie.

Cette financiarisation de l'économie est loin de faire l'unanimité parmi les patrons, y compris chez ceux qui dirigent des sociétés cotées. En privé et de plus en plus en public, nombre de patrons et de cadres dirigeants n'hésitent pas à évoquer « *la tyrannie de certains actionnaires* ». Il est vrai que les nouveaux modes de rémunérations visent à faire converger les intérêts des actionnaires et ceux des dirigeants. À l'origine envisagées comme un moyen de s'assurer la fidélité du management à l'entreprise, les fameuses stock-options sont devenues le symbole de la transformation des dirigeants en actionnaires. De fait, si l'essentiel de la rémunération des membres du *top management* provient des stocks-options et si, de surcroît, leur mandat est de courte durée, alors la tentation est grande de prendre des décisions visant à faire monter les cours de bourse à court terme. Bien sûr, tous les patrons et les managers n'y résistent pas. Par cupidité ou par manque de recul,

© Groupe Eyrolles

certains s'accommodent de ces évolutions présentées comme inéluctables, voire en tirent profit. Mais, ils ne constituent en réalité qu'une infime minorité.

Il faut, à cet égard, rendre hommage à Laurence Parisot qui, dans ses fonctions de présidente du Medef, a eu le courage de bousculer quelques tabous notamment à propos du calcul des bonus. Lorsqu'elle rappelle que « *tout patron, que ce soit le patron d'une grande entreprise cotée ou le patron d'une PME, quand les choses sont difficiles, son premier geste, doit être de montrer sa solidarité, son sens de la responsabilité en regardant sa propre situation* », elle démontre qu'elle est bien à la tête d'un mouvement qui défend non les intérêts corporatistes du patronat, mais bien ceux des entreprises.

L'immense majorité des patrons l'approuvent et c'est plutôt le malaise qui domine dans leurs esprits face à la mutation en cours. Certes, il ne faut pas attendre d'eux qu'ils se muent en militants révolutionnaires vouant le système capitaliste aux gémonies. Leur action est plus discrète, mais aussi plus concrète. Ainsi, lorsque Philippe Grillot, président de la fédération des entreprises de Transport et Logistique de France (TLF) déclare que « *le social ne doit pas être une variable d'ajustement dans les discussions tarifaires entre entreprises[1]* », il démontre la volonté d'un certain patronat de rompre avec les dérives de l'obsession comptable. De même, lorsqu'il affirme que « *nous devons harmoniser les relations entre donneurs d'ordre, gros transporteurs, commissionnaires de transport et leurs sous-traitants* » et qu'il se prononce pour l'élaboration d'un « *contrat de sous-traitance équitable pour l'ensemble de la profession* », permettant des tarifs « *cohérents par rapport aux prix de revient[2]* », il travaille concrètement à la mise en place des rela-

---

1. « Le social n'est pas une variable d'ajustement », Philippe Grillot (TLF), consultable en ligne : www.wk-transport-logistique.fr, 16 décembre 2009.
2. *Ibid.*

© Groupe Eyrolles

tions commerciales durables et apaisées qui permettront de ne pas acculer les petites entreprises à la régression sociale.

De même, la plupart des patrons recherchent activement les actionnaires les plus stables possibles afin de concilier au mieux leurs exigences avec les intérêts de l'entreprise et de ses salariés. C'est là une réalité qu'il faut répéter inlassablement : lorsqu'ils rendent compte aux actionnaires, les patrons ne défendent pas seulement leur propre bilan, ils se battent aussi pour préserver l'avenir de l'entreprise en conciliant au mieux les aspirations contradictoires des différentes parties prenantes que sont les actionnaires, les salariés, les clients et même la société entière. Bien qu'il ne faille pas juger tous les actionnaires de la même manière, on connaît des situations plus confortables, surtout pour les patrons, plus nombreux qu'on ne le croit, qui ont conservés une âme d'entrepreneur, demeurant attachés à leur entreprise et prenant plaisir à la poursuite d'objectifs à long terme.

Les « pirates du capitalisme » n'ont pas encore gagné

Toutefois, il n'est pas exclu qu'à la faveur de la crise actuelle et de la stigmatisation de certains comportements répréhensibles de certains opérateurs, de nouveaux équilibres se mettent en place. Car les crises à répétition qui frappent l'économie mondiale depuis la fin des années 1980 et sa financiarisation croissante sape la légitimité du système actuel. « *Est-il nécessaire, pour que les usines tournent, pour que les hommes et les machines soient transportés, pour que de nouveaux produits apparaissent, que les entreprises et les populations soient rendues dépendantes de marchés financiers délibérément placés au centre symbolique et pratique du système ? Il semble de plus en plus difficile de le croire*[1] », écrit Jean-Luc Gréau. Pour cet ancien expert économique du

----
1. *La Trahison des économistes, op. cit.*

© Groupe Eyrolles

Medef, la solution consisterait donc en une réforme globale visant à rendre les économies moins dépendantes des marchés et de leurs opérateurs les plus avides. Certes, nous n'y sommes pas encore, mais l'idée fait son chemin.

Il n'est donc pas acquis que les « pirates du capitalisme », comme les a surnommés Philippe Escande, l'emportent. Depuis que l'économiste américain Milton Friedman a lancé et popularisé l'idée que la maximisation du profit pour l'actionnaire était l'objectif naturel des entreprises, de nombreuses études sont venues démontrer que l'obsession de la création de valeur était à long terme contre-productive. Si bien que dans le monde des affaires lui-même la résistance s'organise, y compris aux États-Unis.

Les mauvais résultats des calculs financiers

En février 2010, la couverture du magazine *Newsweek* proclamait ainsi que « les licenciements sont mauvais pour les affaires[1] ». Les licenciements ainsi visés sont ceux qui résultent des innombrables restructurations dictées par des considérations exclusivement financières : « *Il est des circonstances dans lesquelles les entreprises doivent licencier pour survivre. Dans un secteur en voie de disparition ou de contraction, cela peut permettre de s'ajuster à un marché plus réduit, comme c'est le cas aujourd'hui dans la presse. Mais la plupart des dégraissages effectués au cours de cette récession ne sont pas le résultat de l'échec d'un modèle d'entreprise : ces sociétés licencient pour maintenir leurs bénéfices et non pour assurer leur survie. Or, licencier ne paie pas[2].* »

L'hebdomadaire américain se référait notamment aux travaux de Wayne Cascio, professeur à l'université du Colorado, qui, dans un ouvrage publié voici déjà huit ans, a démontré que les

1. "Layoffs are bad for business. The Downside of downsizing", Jeffrey Pfeffer, *Newsweek*, 15 février 2010.
2. *Ibid.*

© Groupe Eyrolles

coûts directs et indirects de ce type de licenciements étaient finalement supérieurs pour les entreprises aux bénéfices qu'elles en escomptent[1]. Pour connaître le véritable coût de telles opérations, il faut en effet comptabiliser les indemnités de départ, les frais de reclassement, l'augmentation des cotisations à l'assurance-chômage, mais aussi les frais d'embauche lorsque l'activité reprend, la démoralisation et le refus de la prise de risque chez les salariés restants, les risques de procès, de sabotages, voire de violences sur le lieu de travail de la part de salariés mécontents, sans oublier la perte de la mémoire et du savoir-faire de l'entreprise, et la chute de la confiance dans l'encadrement qui débouchent sur une baisse de la productivité. Autant dire qu'en levant le nez des seuls indicateurs financiers à court terme, ces opérations se révèlent souvent ruineuses.

En France aussi, des études sont venues démontrer combien il était illusoire d'espérer créer de la valeur en faisant des salariés une simple variable d'ajustement ou un coût à réduire sans cesse, alors que, dans une économie de la connaissance, ils représentent, plus encore qu'auparavant, ce que l'entreprise a de plus précieux. Selon les travaux de l'Institut de socio-économie des entreprises et des organisations, « *les restructurations affectent non seulement le périmètre et la superstructure visibles des entreprises (taille, effectifs, frontières), mais surtout l'infrastructure cachée de l'organisation. En effet, même si les restructurations sont guidées de façon principales par des considérations financières, elles ont des impacts sur l'ensemble des autres variables du fonctionnement des organisations concernées.* [...][2] ».

L'impact sur la motivation des salariés n'est pas le moindre : « *Dans de nombreux cas, la restructuration est perçue comme un*

---

1. *Responsible Restructuring. Creative and Profitable Alternatives to Layoffs*, Wayne F. Cascio, Berrett-Koehler Publishers, 2002.
2. « De la gestion douloureuse des restructurations à une métamorphose proactive des entreprises et des organisations », Marc Bonnet, in *Management : tensions d'aujourd'hui*, coordonné par Bernard Pras, Vuibert/Fnege, 2009.

© Groupe Eyrolles

signal de déloyauté de la part de la gouvernance de l'entreprise, à laquelle les salariés, y compris les managers peuvent répondre par d'autres formes de déloyauté », observe Marc Bonnet, enseignant à l'Institut d'Administration des Entreprises (IAE) de Lyon. Il donne l'exemple d'employés déclarant lors d'entretiens : *« Puisque l'entreprise considère les salariés comme des variables d'ajustement, nous devons aussi nous comporter de façon symétrique vis-à-vis d'elle »*. Ou encore : *« Ils ont fait partir les personnes plus anciennes et nous ont recruté pour les remplacer, il faut s'attendre à ce que l'entreprise nous traite à l'avenir de façon identique. »*

L'inexorable ascension de l'actionnariat éthique

Le monde de la finance lui-même prend connaissance de ces travaux et peut en constater la validité dans les faits. Comme l'observe Hervé Delafard, *« la maximisation du profit n'est pas le dogme de tous les actionnaires »*. Ce maître de conférence à l'université Paris-Est, rappelle avec raison que les actionnaires ne sont pas réductibles aux fonds spéculatifs. Face à ceux-ci, il existe encore, en Europe mais aussi aux États-Unis, des opérateurs dont l'action ne vise pas à transformer l'entreprise en un actif le plus rentable possible à court terme, mais consiste plutôt à piloter un projet industriel ou technologique, voire à miser sur des innovations utiles à la société, mais à l'avenir incertain.

De même, dans un récent ouvrage, la journaliste Dominique Nora, s'est penchée sur les *« pionniers de l'or vert »* qui donnent un nouvel élan à la Silicon Valley[1]. Elle y a rencontré une nouvelle génération d'ingénieurs, d'entrepreneurs, de managers et d'investisseurs bien décidés à *« sauver la planète… et faire fortune au passage »* en développant les technologies

© Groupe Eyrolles

---

1. *Les Pionniers de l'or vert*, Dominique Nora, Grasset, 2009.

vertes. Comme le note un journaliste du Monde, « *la Silicon Valley, qui était hier le cœur des technologies de l'information, se positionne aujourd'hui à l'avant-garde des énergies renouvelables et des réseaux intelligents. Tous les grands acteurs du capital-risque – John Doerr, Vinod Khosla, Alan Salzman – se sont réorientés sur les technologies propres*[1] ». Ils démontrent ainsi que l'esprit initial du capital-risque est encore vivant et qu'à côtés des prédateurs, il existe encore des investisseurs – et non des moindres – capables de se comporter, selon l'expression du cabinet de conseil McKinsey, comme les « anges gardiens des surdoués ». Il faut se garder de toute simplification hâtive, car même des fonds de pension américains se joignent au mouvement, en investissant, tel le fonds CalPERS, dans les matières premières de substitution[2].

Enfin, dans un registre proche qui place comme un dogme la réconciliation entre profit et intérêt pour la société, il faut aussi compter avec le développement de l'actionnariat éthique représenté par les fonds de placement socialement responsables. Selon une enquête réalisée en 2007 par Novethic, « *sur les 51 investisseurs institutionnels représentatifs du marché français, dont le montant des réserves s'élève à plus de 700 milliards d'euros, 61 % ont déjà réalisé un Investissement Socialement Responsable (ISR) et, parmi ceux n'en ayant pas encore réalisé, 45 % pensent en réaliser un à l'avenir* ». Parmi les critères de sélection mis en avant pour ces investissements, le respect de l'environnement et la politique de ressources humaines figurent en tête.

Vers un retour salvateur au capitalisme d'entrepreneurs

La dynamique n'est donc pas nécessairement du côté du cynisme et de la cupidité à tout prix. De plus en plus,

---

1. *Le Monde Économie*, 07/12/09.
2. "CalPERS' New Crusade", in *Business Week*, 5 juin 2006.

© Groupe Eyrolles

l'obsession de la création de valeurs à tout prix pour l'actionnaire apparaît dépassée et simpliste. Pour le Prix Nobel d'Économie Maurice Allais, les promoteurs de restructurations systématiques sont même carrément assimilables aux fameux médecins raillés par Molière parce qu'ils prescrivaient invariablement des saignées pour tous les types de maladie[1]. L'idée que l'approche strictement financière de l'entreprise est inapte pour relever les défis présents et futurs chemine. Dans un dossier consacré au management de l'après-crise, Jean-Marc Michel, directeur de la rédaction de la revue de sensibilité libérale *Sociétal* estime également que face à une concurrence mondiale très vive *« gérer les entreprises suppose de dépasser le* cost killing *pour inventer un nouveau mode d'amélioration permanente de la productivité. La compétitivité de demain ne pourra se construire sur une chasse exclusive aux gaspillages et sur une rationalisation mécanique. Elle se nourrira d'innovations de toutes sortes, techniques, de marketing, et d'une gestion subtile des ressources humaines[2]. »*

Cette nouvelle donne passe par un retour aux fondamentaux de l'entreprise. Après trois décennies marquées par une certaine obsession du rendement financier, il n'est pas exclu que le capitalisme et les entreprises reviennent à leurs fondements initiaux. Pour entreprendre et créer de la richesse, il faut certes disposer de fonds, mais aussi de salariés motivés et de clients satisfaits de voir l'entreprise répondre à leurs vrais besoins. L'esprit d'entreprise, le vrai, n'a pas dit son dernier mot !

---

1. « Comment vivre ensemble : conditions économiques et sociales pour la démocratie », in *Actes des Journées Perroux*, Editions ISEOR (Institut de Socio-Économie des Entreprises et des Organisations), 2008.
2. « Management de l'après-crise ou crise de l'après-management », Jean-Marc Daniel, in *Sociétal*, n° 68, 2ᵉ trimestre 2010.

© Groupe Eyrolles

IV

L'entreprise, bâtisseuse de l'avenir

« *La prévision est un art difficile, surtout lorsqu'elle concerne l'avenir* », disait Pierre Dac. La formule n'a probablement jamais été plus justifiée qu'aujourd'hui, notamment en raison des incertitudes qui pèsent sur la reprise économique, mais pas seulement. Les dirigeants et les managers n'ont pas attendu la crise pour être confrontés à un environnement extrêmement instable. « *Si on leur demandait de pointer la caractéristique essentielle de l'actuel monde des affaires, ils désigneraient sûrement sa turbulence*[1] », parie avec raison le professeur Michael G. Jacobides.

Les entreprises en manque de visibilité

Dans un tel contexte, la tentation est grande pour les dirigeants de se réfugier dans une gestion quotidienne sans ébaucher de projets à long terme, par nature plus risqués que lorsque le climat est optimal pour songer à un avenir plus lointain. Cette absence de visibilité est même à l'origine de nouvelles qualités managériales : mobilité, réactivité et agilité sont autant de concepts très valorisés actuellement ! Ces termes

1. "Spotlight on Reinvention. Ideas for Transforming your Company and your Career", *Harvard Business Review*, janvier-février 2010.

© Groupe Eyrolles

ne trompent pas ; ils induisent que la survie de l'entreprise tient davantage à sa capacité à réagir face à des changements brutaux qu'à celle d'élaborer des projets de longue haleine. Dans un article où il déplore « l'atavisme colbertiste » de la France, Dominique Louis, président du directoire du Groupe Assystem, fait ainsi l'éloge de la mobilité comme remède à la crise : « *la mobilité constitue la seule réponse possible, pertinente et opératoire à la crise que nous traversons. Car toute crise, plus ou moins violente, plus ou moins profonde, est toujours une crise d'adaptation. Dans les entreprises mobiles, il n'y a pas de crise, juste des périodes d'ajustement aux évolutions de l'économie et du monde. Ces entreprises-là sont génétiquement résistantes aux crises, puisque la mobilité est inscrite dans leur ADN*[1]. »

Il est vrai que l'entreprise doit faire preuve d'une attention de chaque instant face à une multitude de paramètres qui sont en évolution permanente. Dans un récent rapport réalisé pour le compte de l'Institut de l'Entreprise, Jean-François Roverato, président-directeur général d'Eiffage et Serge Weinberg, président de Weinberg Capital Partners soulignent que « *l'activité des entreprises s'inscrit dans une temporalité qui se contracte* », et ils mettent en garde : « *L'accroissement de la volatilité des cours sur les marchés financiers n'est en réalité qu'un symptôme parmi d'autres.*[2] » De ce fait, les dirigeants doivent aussi compter avec la diffusion plus rapide des informations et des techniques qui, conjuguée à l'intensification de la concurrence, aboutit à un raccourcissement des cycles d'innovation, de marketing et d'investissement.

---

1. *Les Échos*, 17 mars 2010.
2. « Favoriser une meilleure prise en compte du long terme », Jean-François Roverato et Serge Weinberg, Institut de l'entreprise, janvier 2010.

© Groupe Eyrolles

Contrer les effets pervers du court-termisme généralisé

Dans un tel contexte, il est légitime, pour les entreprises, d'accorder une attention soutenue au temps court. Mais, simultanément, sans revenir aux rigidités du *Gosplan* à la soviétique, il est nécessaire de s'extraire de ce tourbillon qui emporte la société entière et lui donne le tournis. À tel point que chacun dans sa vie, tant privée que professionnelle, se sent quelque peu désorienté, car, comme le constate Jean-Louis Servan Schreiber dans un récent essai, l'accélération concerne tous les aspects de la vie sociale : « *Les politiciens ont les yeux rivés sur la prochaine échéance électorale ou le sondage de la semaine, les patrons de sociétés cotées sur leurs résultats trimestriels, les boursiers sur les statistiques économiques de la journée, les managers sur le compte-rendu mensuel réclamé par le siège social[1]* ». Toutefois, les entreprises sont particulièrement concernées.

« *Il y a vingt ans, poursuit-il, on trouvait nécessaire de demander aux entreprises de faire un plan à cinq ans, si possible avec un budget prévisionnel approprié. Cette suggestion déclencherait aujourd'hui l'hilarité dans les bureaux. Comment voulez-vous que nous fassions des plans ? Après cette crise, nous aimerions déjà savoir ce que nous réserve le prochain semestre[2].* »

Or, la crise a justement souligné les effets pervers des stratégies à court terme. En effet, c'est bien la frénésie de profit immédiat qui est à l'origine de son déclenchement. Et dans les crises, les entreprises disposant d'une vision et de projets à long terme sont mieux armées pour survivre. Car rien n'est plus utile, dans un « coup de tabac », que de savoir que le navire tient son cap et qu'il mène à des rivages prometteurs.

---

1. *Trop vite ! Pourquoi nous sommes prisonniers du court terme*, Jean-Louis Servan-Schreiber, Albin Michel, 2010.
2. *Ibid.*

© Groupe Eyrolles

Plusieurs obstacles se dressent toutefois sur la route de l'entreprise. Les principaux lui sont hélas extérieurs, notamment les comportements à court terme des marchés financiers sur lesquels il lui est difficile d'agir.

Corriger le biais court-termiste des normes comptables et prudentielles

La solution consiste à alerter les pouvoirs publics sur les réformes souhaitables. Jean-François Roverato et Serge Weinberg insistent notamment sur la nécessité de corriger le biais court-termiste des référentiels comptables et des normes prudentielles. Sans nier les effets positifs des normes IFRS, ils remarquent que la crise a fait ressortir avec acuité certains problèmes dans la mise en œuvre de ces normes. Ils soulignent notamment que « *l'application des normes IFRS a eu pour effet que de nombreux éléments du bilan, en particulier financiers, ont dû être évalués selon le principe de juste valeur. De ce fait, la volatilité des marchés financiers, notamment au plus fort de la crise, a eu des répercussions directes et immédiates dans les bilans des entreprises, indépendamment des modes de gestion et des horizons de détention. Les fluctuations de valorisation ont donc masqué les évolutions de fondamentaux propres aux activités des entreprises, "important" ainsi le court-termisme et la procyclicité propres aux marchés financiers directement dans les comptes*[1]. »

Toutefois, la question des normes prudentielles apparaît encore plus cruciale. En effet, les règles dites de « Bâle II » et de « Solvabilité II » présentent des biais fortement défavorables à la présence d'actions à l'actif des sociétés concernées et, par conséquent, à la structuration d'une épargne à long terme. « *Or, sans financement à long terme, il sera bien délicat aux entreprises de se placer plus résolument dans une perspective de temps long.* »

---

1. « Favoriser une meilleure prise en compte du long terme », *art. cit.*

© Groupe Eyrolles

Pour ne prendre qu'un exemple, le dispositif « Solvabilité II » prévoit que les sociétés d'assurances devront mobiliser des niveaux de fonds propres très élevés, de l'ordre de 40 centimes d'euros de fonds propres pour un euro investi en actions dès lors qu'elles auront fait le choix d'investir dans des actions. Ainsi, la conséquence est prévisible : la composante « actions » des sociétés d'assurances sera limitée. Une telle norme se place donc directement à l'encontre du souhait, maintes fois exprimé, de voir l'investissement à long terme se développer dans les entreprises françaises !

La nécessité de réformer les normes IFRS s'impose d'autant plus qu'elles conduisent souvent les entreprises à se délester de nombreux actifs, jusqu'à parvenir à la fameuse entreprise *asset light* présentée comme un modèle à suivre. Or, si les entreprises qui se séparent de toutes les activités pesantes sont plus lisibles pour l'actionnaire, elles sont aussi plus fragiles. Leur spécialisation est, certes, un gage de performance à court terme, mais aussi une grande source de fragilité tant leur assise se réduit. Ces entreprises font penser à ces navires extrêmement effilés et futuristes conçus pour réaliser des performances inouïes en régate mais qui, lorsqu'ils rencontrent une tempête, chavirent aussitôt parce qu'ils manquent d'assise ou de profondeur. Une fois le drame arrivé, on réalise finalement que le flotteur ou la dérive supprimés auparavant pour gagner en vitesse avaient leur utilité. Néanmoins, il est alors trop tard car le navire – ou l'entreprise – est au fond de l'eau... L'ironie réside dans le fait que les normes IFRS ont précisément été promues à la suite du naufrage d'Enron qui fut le modèle même de l'entreprise *asset light*. Au départ Enron était en effet une entreprise gazière dotée d'infrastructures industrielles, d'usines de traitement et d'ouvriers. Ce n'est qu'ensuite que les dirigeants de l'entreprise ont trouvé astucieux de se débarrasser de ces actifs qui représentaient un coût important pour se concentrer sur les activités financières nettement plus lucratives. Au départ, le rendement financier de l'entreprise a été décuplé pour le plus

© Groupe Eyrolles

grand plaisir des actionnaires. Toutefois, en se séparant de ses actifs matériels, Enron a également perdu le sens des réalités jusqu'à ce que soit révélé un gigantesque scandale financier et qu'en 2001 cette entreprise sans chair se volatilise !

Halte à l'instabilité juridique et fiscale !

Les pouvoirs publics peuvent également intervenir pour favoriser le retour du long terme en s'intéressant à l'environnement social et fiscal des entreprises. En effet, le système fiscal français n'est pas seulement d'une sophistication extrême, il est aussi épouvantablement instable. Abattements, exonérations, réductions, crédits d'impôts ou de contributions et cotisations sociales forment pour les entreprises, notamment les moins grandes, une jungle inextricable qui accapare leur énergie au quotidien et crée une grande insécurité juridique.

Pour ne prendre qu'un exemple, le Conseil économique et social a relevé qu'entre 1975 et 2006, 68 textes législatifs ont réformé la taxe professionnelle ! Un tel manque de visibilité n'est naturellement pas de nature à renforcer le lancement de projets de longue haleine. L'instabilité juridique et fiscale est un nouveau facteur de risque à intégrer dans une décision de lancement concernant de nouveaux projets. Cette inflation juridique permanente et cette gestion hasardeuse de l'arsenal fiscal et juridique est de nature à nuancer l'idée reçue selon laquelle seul l'État est capable de voir loin, alors que les entreprises seraient, par nature, la tête dans le guidon !

Toutefois, il serait malhonnête de la part de l'entreprise de s'exonérer de toute responsabilité dans l'adoption des comportements court-termistes favorisés par les normes et la volatilité des marchés. Certes, comme le note Stéphanie Dameron, professeur en sciences de gestion à l'université Paris-Dauphine, la multiplication des procédures de contrôle et de diffusion de l'information comptable résultant des normes prudentielles accapare plus qu'auparavant les dirigeants : « *La fonction de*

© Groupe Eyrolles

pilotage, centrée sur le contrôle et les résultats, qui certes fait partie intégrante des fonctions du dirigeant, risque, dans ces conditions, de prendre le pas sur la fonction de l'entrepreneur et de stratège porteur d'une vision[1] », reconnaît-elle.

S'appuyer sur une vision et mettre le cap vers l'horizon

Le long terme découle d'une vision. Lorsque les dirigeants d'une entreprise disposent d'une vision et sont capables de la faire partager, c'est toute l'entreprise qui oublie momentanément les difficultés conjoncturelles éventuelles pour porter son regard sur l'horizon. Effectivement, il ne faut pas croire que savoir se projeter à long terme rime avec immobilisme et que court terme rimerait avec souplesse et agilité. Le long terme ne signifie nullement qu'il faille attendre les bras croisés que les choses s'améliorent d'elles-mêmes. Au contraire, le long terme exige d'avoir le courage d'engager aujourd'hui les réformes structurelles qui porteront leurs fruits demain.

Posséder une vision va donc de pair avec une forte capacité à entraîner, à mobiliser et à intégrer l'ensemble des composantes et des « forces vives » de l'entreprise. Elle repose aussi sur les éléments qui constituent la raison d'être de l'entreprise, ce que certains appellent sa mission. La vision mobilise des valeurs et incite à certains comportements. *« La vision stratégique est source d'intégration sociale, même si c'est avec une intensité inégale, des équipes, ces dernières étant composées, par ailleurs, de membres d'origine de plus en plus diverses*[2] », note encore Stéphanie Dameron. C'est là une observation cruciale. En effet, j'ai pu constater que nombre de difficultés rencontrées par les entreprises en terme de motivation et même de climat social résultait en fait d'une absence ou d'une mauvaise

---

1. « L'impératif stratégique », Stéphanie Dameron, in *Sociétal*, 2e trimestre 2010.
2. *Ibid.*

© Groupe Eyrolles

perception des objectifs à long terme de l'entreprise. Ainsi, il est saisissant de constater que les projets de transformation se heurtent beaucoup moins à la célèbre « résistance au changement » des salariés lorsque ces derniers dégagent des perspectives stratégiques claires et partagées. Ici encore, on découvre que la réintroduction du temps long n'est pas synonyme d'immobilisme, mais de mouvement pour l'ensemble des composantes de l'entreprise.

C'est pourquoi, en tant que chef d'entreprise je m'efforce toujours d'expliquer notre stratégie non seulement à mes proches collaborateurs, mais à l'ensemble des cadres et des employés de l'entreprise. Ici encore, l'analogie avec le monde de la voile s'impose. Sur une entreprise comme sur un bateau, l'ensemble de l'équipage doit connaître le cap. Certes, il est capital que chacun connaisse son périmètre de responsabilité et ce qu'il doit accomplir à court terme pour que le bateau avance. Néanmoins, l'expérience prouve que ces tâches quotidiennes sont mieux accomplies lorsque chacun comprend dans quel plan d'ensemble elles s'insèrent. Lorsque le dernier des matelots connaît le cap, il fait preuve non seulement d'une plus grande motivation – parce que ses gestes prennent du sens – mais aussi d'une meilleure capacité d'adaptation et d'un plus fort esprit d'initiative. Il en est de même dans l'entreprise. Lorsque les objectifs à moyen et long termes sont connus de tous, il naît une forme d'osmose et d'intelligence collective des situations qui est un gage non seulement de bien-être pour les salariés, mais aussi de performance pour les équipes et l'ensemble de l'entreprise.

Quand la prospective se fait volontariste

Pour rompre véritablement avec le court-termisme, il faut donc mobiliser l'entreprise toute entière autour de son projet stratégique et qu'il devienne partagé. Ce mouvement est en cours. Comme en témoigne un récent ouvrage réalisé par le Cercle

© Groupe Eyrolles

prospective RH, on constate ainsi que la prospective n'est plus, comme auparavant, l'apanage d'un petit groupe. Toutes les forces vives de l'organisation sont appelées à y contribuer. Jean-Charles Decaux remarque : « *On a longtemps observé dans l'organigramme des grandes sociétés un isolement de la fonction stratégique. Elle a souvent pris la forme d'un domaine très réservé.* » Telle n'est plus la tendance actuelle : « *Progressivement, poursuit-il, cette fonction s'ouvre à un cercle plus large au sein du management, car le partage et la mise en œuvre cohérente et concertée de cette stratégie en garantissent une meilleure efficacité[1].* » Tout simplement parce que la participation du plus grand nombre à la prospective est le gage d'une meilleure implication du personnel dans les actions que celui-ci doit mettre en œuvre par la suite.

De cette manière, la prospective devient un véritable moyen de « réenchanter le futur ». En effet, il ne s'agit plus tant de prédire l'avenir que de produire une nouvelle vision partagée et mobilisatrice de celui-ci. Comme l'explique la prospectiviste Kaat Exterbille, cette démarche n'est plus réductible à la seule prévision un peu passive : « *Contrairement à la prévision qui part d'aujourd'hui pour explorer des futurs différents, la prospective stratégique fait usage de méthodes non seulement exploratoires, mais normatives. La méthode normative fonctionne de manière inverse à la prévision : vous partez d'un avenir souhaitable et probable pour ensuite examiner comment il est possible à réaliser dès aujourd'hui[2]* ».

Contribuer à la construction d'un avenir commun

Désormais, la prospective se fait donc plus volontariste, innovante et proactive. Cette évolution vient souligner le fait que, dans un univers plus incertain que jamais, l'avenir appartient

---

1. *Réenchanter le futur par la prospective RH*, sous la dir. d'Edgard Added et Wilfrid Raffard, Village Mondial, 2009.
2. *Ibid.*

© Groupe Eyrolles

à ceux qui réfléchissent, certes, mais surtout à ceux qui agissent. Le futur des organisations n'est, en effet, inscrit nulle part. Il sera ce que, collectivement, ses membres en feront. Pour retrouver foi en l'avenir et s'y projeter, l'entreprise et ses dirigeants ne doivent pas se focaliser sur la seule réforme des normes comptables et prudentielles ni s'en remettre à la seule création de pactes ou de chartes d'actionnaires. Ces facteurs sont cruciaux. Mais, pour qu'ils produisent les effets escomptés, il est nécessaire que les dirigeants retrouvent une « vision » et la capacité à la faire partager par tous au sein de l'entreprise et même parmi ses parties prenantes. Ainsi, l'entreprise renouera avec sa mission qui est de contribuer à la construction d'un avenir commun.

© Groupe Eyrolles

V

Pour un partenariat avec la sphère publique

La crise va obliger à revoir les rapports noués en France entre les entreprises et l'État, entre la sphère privée et la sphère publique. Tant mieux ! Cela était de toute façon nécessaire. En effet, depuis la fin des Trente Glorieuses, organes d'État et entreprises privées éprouvent, dans notre pays, de réelles difficultés à se positionner les uns par rapport aux autres et donc à collaborer harmonieusement. Or, contrairement à ce que certaines personnes croient parfois, les défis lancés par la mondialisation accélérée renforcent la nécessité d'un partenariat étroit entre ces acteurs tout en réclamant – c'est justement là que réside la difficulté – d'en renouveler profondément les modalités.

Splendeur et misères du modèle social français

De l'après-guerre jusqu'aux années 1970 – âge d'or du modèle français de développement économique –, les modalités d'intervention de l'État possédaient le mérite de la limpidité. Sollicitée pour organiser la reconstruction après les destructions occasionnées par la Seconde Guerre mondiale, la puissance publique planifiait l'effort de rattrapage de notre économie.

© Groupe Eyrolles

À cette fin, elle disposait de tous les instruments nécessaires. L'État contrôlait directement de larges secteurs tant dans l'industrie que dans les services à travers des entreprises publiques, voire des administrations détentrices de monopoles. Il possédait, en outre, le loisir de déterminer souverainement la politique monétaire nationale. Mieux ! Il avait la main sur le secteur financier, via la direction du Trésor et le contrôle direct de nombreux établissements bancaires.

Ce modèle s'est progressivement révélé inopérant au cours des années 1970, une fois l'effort de la reconstruction accompli. Il faut toutefois reconnaître qu'il n'était pas entièrement négatif. Certes, il a connu des échecs célèbres, notamment par une certaine incapacité à articuler de grandes innovations technologiques avec les besoins réels du marché tels le Concorde ou le Minitel. Mais, il convient de saluer aussi certaines réussites, car l'implication de l'État est à l'origine de nombreux fleurons industriels français et européens bien positionnés aujourd'hui sur les marchés mondiaux. Soyons honnêtes : sans le volontarisme politique de ces années-là, sans la politique industrielle impulsée par l'État en liaison avec les acteurs privés, la France ne serait pas parvenue à la position qu'elle occupe actuellement dans les secteurs stratégiques tels l'aéronautique, l'aérospatial, la défense, les trains à grande vitesse ou encore le nucléaire. Airbus, Arianespace, EADS et le TGV ne sont pas nés du seul savoir-faire privé, mais d'une sphère publique décidée à accompagner des projets industriels qui permettent encore aujourd'hui à notre pays de peser sur la scène internationale et constituent des vitrines du savoir-faire français dans des domaines de pointe.

Néanmoins, en matière économique plus qu'en toute autre, la nostalgie est mauvaise conseillère. Ce modèle est désormais obsolète. Peu à peu, les pesanteurs et les rigidités qui le caractérisaient aussi, à côté d'un incontestable dynamisme, se sont aggravées ; le monde a changé. Dans un environnement désormais beaucoup plus imprévisible, la planification s'est

© Groupe Eyrolles

révélée moins pertinente. Enfin, si bénéfique ait-elle été initialement pour de jeunes industries en voie de constitution ou de reconstitution, la tutelle de l'État s'est muée en un handicap parce qu'elle limitait le recours aux capitaux privés alors que, parallèlement, l'engagement financier de l'État devenait plus contraint. Et aussi parce qu'en raison de leur statut public, certaines entités ont cru pouvoir s'abstenir de se remettre en cause, se sentant immuables. Après avoir contribué de façon décisive à lancer des secteurs d'avenir, l'État risquait de devoir maintenir artificiellement en vie des entités ne faisant pas l'effort suffisant pour s'adapter. À l'anticipation succédait la conservation, au dynamisme l'immobilisme, si bien que de vertueux, le système est devenu, sinon pervers, du moins inefficace et inadapté. Peu à peu, ce modèle dans lequel sphères publique et privée étaient imbriquées a donc été abandonné au profit de l'autonomie des entreprises par ailleurs promue par la politique de la concurrence mise en place par l'Union européenne avec le consentement de la France.

État et entreprises : halte à la paranoïa !

Hélas, si naturelle qu'ait été cette évolution, il apparaît maintenant qu'elle n'a pas laissé la place à une répartition claire des rôles parfaitement assumée par les différents acteurs. Du côté de la sphère publique, certains ont le sentiment d'avoir été dépossédés de prérogatives légitimes, ce qui nourrit simultanément une certaine forme de ressentiment et une rhétorique volontariste incantatoire, car désormais dépourvue de véritables capacités opérationnelles. Ainsi, même si l'État n'a plus aujourd'hui les moyens de mener une telle politique – fut-ce pour des raisons purement budgétaires –, certains de ses représentants de tous bords continuent de parler comme s'ils avaient encore les cartes en main. En retour, du côté de la sphère privée, une telle attitude entretient la crainte de voir l'État revenir sur des libertés accordées de si mauvais cœur. Loin d'aboutir à une nouvelle forme de coopération renouvelée

© Groupe Eyrolles

dans ses modalités – mais demeurant harmonieuse et féconde –, l'effacement de l'ancien modèle a abouti à une méfiance réciproque qui empêche acteurs publics et privés de se parler, se comprendre et s'épauler. Plutôt qu'une relation rénovée, la situation ressemble à celle d'un divorce non consommé ou mal digéré à l'issue duquel les anciens conjoints éprouvent des difficultés à se positionner l'un face à l'autre.

Les conséquences de cette situation sont graves : lorsque l'État propose une aide conditionnelle aux entreprises, il ne manque jamais un chroniqueur pour hurler au retour de l'interventionnisme. Réciproquement, lorsque certaines entreprises proposent de contribuer à l'intérêt général – par exemple en apportant leur concours au financement des universités ou de la recherche –, systématiquement des hérauts de la cause publique dénoncent une privatisation de l'intérêt général, une OPA du privé sur le public. Comme s'il fallait être un « vendu » pour accepter une contribution financière volontaire des entreprises ! Faut-il le préciser ? Une telle attitude est tout simplement unique dans le monde...

La récente crise financière a donné une nouvelle illustration de cette difficulté française à envisager sereinement la coopération entre sphères publique et privée. Pour l'État, l'intervention financière massive afin d'empêcher l'effondrement du système financier et de limiter la contagion de la crise à l'économie réelle s'est, en effet, accompagnée d'un discours moralisateur déplacé à l'égard des entreprises, assimilées abusivement aux dysfonctionnements du système financier. Ainsi, en quelques semaines, certains représentants de l'État se sont posés en garants exclusifs de l'intérêt général face à des acteurs privés dont la chute aurait été provoquée par une avidité et un égoïsme intrinsèques. Mais, certains acteurs privés n'étaient pas en reste puisque, sans aucun fondement réel, ils dénonçaient par avance le risque de voir l'État français retrouver ses mauvais penchants interventionnistes et colbertistes alors que les plans de sauvetage et de relance lancés ne

© Groupe Eyrolles

relevaient absolument pas de cette philosophie. On mesure ici à quel point le malentendu et la suspicion réciproques sont profonds dans notre pays. En effet, c'est dans la très libérale Grande-Bretagne que des banques ont été nationalisées – certes temporairement – pour leur éviter la faillite, et non en France. Pourtant, c'est de ce côté-ci de la Manche que l'on a craint l'immixtion de l'État dans le monde des affaires !

Le rôle incontournable de l'État face à la mondialisation

On pourrait sourire de tant de pathos si cela n'obérait pas très sérieusement la performance de la France et sa capacité à répondre aux défis qui résultent de la mondialisation. En effet, à rebours d'idées préconçues, cette dernière ne rend nullement caduque l'action de l'État ; elle nécessite même véritablement une coopération et un dialogue très étroits entre l'État et les entreprises. Il convient en effet de ne pas être naïf : la mondialisation ne se résume pas à l'extension planétaire des lois du marché et à l'effacement progressif des États. Elle se traduit aussi par une rivalité accrue entre zones géographiques et par l'émergence de nouveaux acteurs économiques majeurs. Le fait est connu, mais mérite d'être une nouvelle fois souligné. En 2005, pour la première fois, les pays émergents ont produit plus de la moitié de la richesse mondiale en parité de pouvoir d'achat. Enfin, selon diverses projections, la Chine devrait être sacrée première puissance économique mondiale d'ici 2050. Face à un tel basculement géopolitique et géo-économique, les entreprises et les États occidentaux ont mieux à faire que de se suspecter d'empiéter mutuellement sur les prérogatives de l'autre : le défi que représente ce déplacement vers l'Est et l'Asie du centre de gravité de l'économie nécessite un sursaut conjoint et coordonné des acteurs publics et privés.

© Groupe Eyrolles

Promouvoir une concurrence loyale

Tout d'abord, l'intérêt des entreprises est de pouvoir s'appuyer sur des États capables de faire respecter les règles d'une concurrence loyale avec les pays émergents, ce qui n'est, à l'évidence, actuellement pas le cas. Au-delà même de l'avantage concurrentiel évident que donne la disparité des normes sociales et environnementales, il est important de souligner la persistance de barrières protectionnistes fortes dans les pays émergents, notamment via la sous-évaluation monétaire qui renforce leur compétitivité. De même, il faut avoir le courage de constater que, dans ces nouvelles puissances, les États continuent de jouer un rôle majeur destiné à lancer et à soutenir des politiques industrielles d'accroissement de puissance qui débouchent parfois sur des pratiques agressives ne relevant pas du seul marché. Il est ainsi parfaitement légitime de s'interroger sur la finalité des participations prises par des fonds souverains étrangers dans certaines de nos entreprises. Obéissent-elles à des logiques financières ou constituent-elles un moyen de mettre la main sur des actifs industriels, des savoir-faire et des technologies sensibles ? De même, dans ce registre conflictuel sans être nécessairement guerrier, il faut tirer les conséquences de l'entrée dans un monde de ressources rares.

Assurer l'accès aux ressources naturelles

Une récente note réalisée pour le compte de l'Institut de l'entreprise soulignait que : « *portée par la croissance des pays émergents, la consommation de ressources naturelles devrait continuer à croître fortement. Sauf innovation majeure ou découverte de nouvelles réserves, la demande de pétrole devrait dépasser largement l'offre disponible, avec une forte pression sur les prix. Ce phénomène de rareté s'étendra à d'autres matières premières comme le cuivre, l'acier et l'aluminium. Dans ces conditions, en 2020, l'accès aux ressources naturelles sera l'un des défis auxquels*

© Groupe Eyrolles

seront confrontés les États et les entreprises[1]*.* » On découvre ainsi que les États et les entreprises possèdent bien des intérêts stratégiques communs. La sphère privée, loin de pouvoir compter sur le seul libre jeu du marché, a, elle aussi, des sujets de préoccupation géopolitiques dont l'énergie n'est d'ailleurs pas le seul : l'implication croissante du crime organisé dans l'économie mondialisée est un fléau qu'elle doit combattre bien plus qu'auparavant. Un chiffre seulement : selon l'Organisation mondiale des douanes, entre 1982 et 2005, la contrefaçon serait passée de 5,5 milliards de dollars à plus de 500 milliards, si bien qu'elle représenterait déjà environ 7 % du commerce mondial, avec une progression de quelque 20 % par an !

Gagner la bataille du commerce mondial

Ne nous y méprenons pas, la crise actuelle va aussi accentuer la concurrence acharnée qui existe déjà entre les entreprises occidentales sur les marchés internationaux. On peut donc faire le pari suivant : les grands contrats obéiront encore davantage qu'aujourd'hui à des jeux d'influences politiques. Toutes les grandes entreprises européennes le savent. Lorsque ce type de compétition les oppose à des concurrents nord-américains, elles n'ont pas seulement en face d'elles des entreprises déterminées, mais la puissance entière de la machine diplomatique américaine. Cette réalité prévaut aussi pour les contrats et les marchés plus modestes. Pour leur activité internationale, les PME allemandes bénéficient des dispositifs de soutien à l'export extrêmement efficaces mis en place de façon conjointes par les länder et les fédérations professionnelles d'outre-Rhin. Face à cette accentuation de la concurrence mondiale, il est donc absolument nécessaire que les entreprises françaises puissent travailler efficacement avec les

---

1. « Repenser la relation entre la sphère publique et l'entreprise », *Notes de l'Institut de l'entreprise*, janvier 2010.

© Groupe Eyrolles

représentants de leur État. Il est, par exemple, capital qu'elles puissent solliciter l'aide et le soutien logistique de notre réseau consulaire pour pouvoir se battre à armes égales avec leurs concurrentes.

Faire ensemble le pari de l'innovation

Face à ces enjeux, la coopération entre acteurs publics et privés ne doit pas s'arrêter là. Elle doit aussi prendre la forme d'un véritable partenariat stratégique exigé par la mutation du modèle de croissance. Face à la concurrence des pays émergents et au déclin industriel qui en résulte, les pays européens doivent en effet faire le pari de l'innovation et de l'excellence. Ce défi ne pourra être relevé sans un effort conjoint et coordonné entre la sphère politico-administrative du monde académique et des milieux d'affaires. Or, nous en sommes extrêmement éloignés : « *En 2007, la dépense intérieure brute de R&D de la France était de 2,08 % du PIB, soit moins que l'objectif de Lisbonne (3 %), que celui des États-Unis (2,61 % en 2006) et celui du Japon (3,32 % en 2005) et surtout moins que la France elle-même en 1998 (2,14 %)*[1]. » Les lacunes sont ici partagées : à peine plus de la moitié de ces dépenses sont réalisées par des entreprises. Pourtant, de son côté, la Chine prévoit d'augmenter ses budgets de R&D de 15 à 20 % par an…

Disons-le sans ambages ! Dans le contexte de la mondialisation, ce reflux sur le terrain de la recherche est suicidaire ! Il exige donc un sursaut national et européen qui ne pourra être accompli sans mobiliser toutes les forces vives de notre pays et même de notre continent. Dans ce cadre, la force publique doit jouer un rôle au-delà de l'indispensable apport de subsides à la recherche. Conformément à un terme qu'il affectionne, l'État peut, s'affirmer en la matière comme un « stratège », tout d'abord en favorisant l'orientation de la recherche vers les secteurs et domaines porteurs que sont, par

---

1. « Repenser la relation entre la sphère publique et l'entreprise », *art. cit.*

© Groupe Eyrolles

exemple, les énergies vertes et les nanotechnologies. Il peut aussi résolument favoriser le rapprochement entre recherche publique et privée tant sur le plan national qu'au niveau européen. Enfin, comme il ne peut y avoir de recherche dynamique sans chercheurs de qualité, l'État doit aussi se donner les moyens de gagner la guerre des cerveaux. Pour cela, il doit faire de la modernisation de notre enseignement supérieur une priorité, notamment dans les filières scientifiques. Dans la grande compétition qu'est la mondialisation économique, la qualité du capital humain est en effet un facteur crucial. C'est pourquoi, en la matière, on peut aussi attendre que l'État et les entreprises coopèrent davantage pour mieux orienter les efforts de formation professionnelle tout au long de la vie, de façon à mieux s'adapter aux mutations accélérées de l'appareil productif. Comme le souligne, Dominique Louis, président du directoire du Groupe Assystem, « *les dix métiers les plus demandés par les entreprises en 2010 n'existaient pas en 2004* » ! Autant dire que la formation initiale, si excellente soit-elle, ne suffira plus.

Unir les forces pour relever le défi de la mondialisation

On pourrait ainsi multiplier les enjeux à suivre et les pistes de réflexion. Ce n'est pas ici le lieu pour en dresser la liste, mais on peut seulement souligner que les occasions de nouer des partenariats fructueux entre sphères privée et publique ne manquent pas, comme par exemple les enjeux découlant de la crise environnementale et du vieillissement de la population. Mais parmi tous, ceux relevant de la mondialisation semblent les plus aigus. La crise financière a clos l'illusion d'une mondialisation nécessairement heureuse. Ancien Haut responsable à l'intelligence économique auprès du Premier ministre, après avoir notamment exercé dans le secteur privé la fonction de directeur export du groupe Pernod-Ricard, Alain Juillet résume ainsi la situation : « *Il est maintenant*

© Groupe Eyrolles

évident que le XXIe siècle va connaître un niveau de concurrence économique inconnu jusqu'à maintenant entre des unions d'États, des pays et des entreprises[1]. » Cela ne signifie pas pour autant que la mondialisation sera nécessairement malheureuse, mais simplement qu'elle comporte autant d'opportunités que de risques. Pour saisir les premières tout en évitant les seconds, sphère publique et sphère privée doivent unir leurs forces. C'est ensemble qu'elles seront en mesure de relever ce défi.

« *La mondialisation, lançait un jeune tycoon de Shanghaï au forum de Davos, c'est une énorme vague qui se rapproche de vos côtes. Vous, les Français, vous êtes sur la plage, bras croisés, les pectoraux gonflés de certitudes arrogantes et de leçons pour tous. Vous croyez encore pouvoir arrêter le tsunami... Nous, dans les pays nouveaux, nous avons tout de suite choisi le surf et nous sommes déjà sur la vague*[2]. » Ma conviction est que pour se hisser sur cette vague, la France ne pourra se passer ni de la puissance publique ni du dynamisme de ses entreprises privées. Il est temps d'abandonner nos légendaires querelles gauloises !

---

1. *Défense*, mars-avril 2007.
2. Cité dans *Constructif*, n° 19, février 2008, dossier « Mondialisation : gagnants et perdants ».

© Groupe Eyrolles

VI

L'entreprise
au cœur de la société

« *Replacer l'entreprise au cœur de la société* » : tel est l'objectif qui sous-tend les démarches de responsabilité sociale et sociétale qui prennent une place croissante au sein des entreprises depuis la fin des années 1990. Cette démarche, loin d'être démagogique, repose sur des impératifs socio-économiques, et correspond à la véritable vocation de l'entreprise.

Pas d'entreprise sans territoire !

Depuis plusieurs années, les entreprises comprennent de mieux en mieux que leur performance repose sur la capacité à répondre simultanément aux attentes parfois contradictoires d'une multitude de parties prenantes qui, chacune à leur façon, exerce une influence sur son activité : actionnaires, collaborateurs et salariés, clients et distributeurs, fournisseurs et sous-traitants, États, collectivités locales et même simples citoyens. Désormais, toutes les entreprises savent qu'elles s'inscrivent dans un environnement. Durant quelques années, l'entreprise a cru – en raison de l'abaissement des frontières et de l'essor des nouvelles technologies – pouvoir s'affranchir des territoires, mais aujourd'hui ceux-ci s'affirment très fortement.

© Groupe Eyrolles

Même lorsque leurs clients sont situés aux antipodes, les entreprises savent qu'elles ne peuvent pas se développer dans un désert économique et social. Pour se déployer, une entreprise a besoin du soutien de tout un environnement. La façon dont les différents territoires rivalisent pour attirer les entreprises le soulignent *a contrario* : sans main-d'œuvre formée, sans infrastructures de qualité, sans compétences pour nourrir l'effort de R&D, l'entreprise périclite rapidement, faute des ressources matérielles et immatérielles nécessaires à sa croissance.

Malgré la mondialisation l'entreprise reste dépendante d'un territoire et réciproquement ; un partenariat de fait doit donc s'instaurer. Les responsabilités sont mutuelles. À l'heure des marchés globalisés, l'entreprise doit, certes, penser à l'échelle mondiale, mais sans perdre de vue son enracinement territorial. D'une certain façon, elle devrait s'approprier le slogan des activistes altermondialistes : « *Think global, act local !* »

Contribuer à constituer un vivier de talents

Avec une telle stratégie, le facteur humain prend une importance croissante. Comme l'a compris l'américain Richard Florida, l'un des points cruciaux semble, pour l'entreprise, de favoriser l'éclosion du talent et de la créativité, d'où une modification substantielle des stratégies adoptées par les territoires : « *Jusqu'ici*, écrit Éric Pétrac, *[…] la stratégie consistait à attirer les entreprises sur le sol national et à les aider à s'y développer. Aujourd'hui, […] elle n'est plus suffisante : les entreprises de la nouvelle économie, source de croissance, se localisent d'abord là où sont les talents les plus créatifs*[1]. » D'où la nécessité, pour l'entreprise, de valoriser en retour le territoire dans lequel elle s'inscrit, y compris par des actions en marge de son cœur de métier qui peuvent prendre par exemple la forme d'un soutien au rayonnement touristique d'une ville ou d'une région pour

1. « Les clés d'un management post-moderne », Éric Piétrac, *Agir*, n° 39, septembre 2009.

© Groupe Eyrolles

un bénéfice mutuel. « *La valorisation d'un patrimoine architec-tural ou naturel lui permettra d'attirer des touristes. L'organisa-tion de festivals ou d'expositions temporaires lui permettra de les faire revenir. Mais ce sont les cafés, les restaurants, les cinémas, les immeubles siglés de grands noms de l'architecture qui permettront à certains talents de se fixer*[1] », précise Éric Piétrac.

De la même façon, il est capital pour l'entreprise et le terri-toire de favoriser la renommée des universités et laboratoires de recherche situés dans son périmètre et d'en faire des lieux connectés tant au tissu économique qu'à la vie sociale du territoire. Ici encore, l'entreprise a son rôle à jouer et il faut souhaiter vivement que les blocages rencontrés en la matière puissent être rapidement levés. En effet, si l'Enseignement supérieur français refuse de jouer le jeu de l'interconnexion avec les autres forces vives du territoire, c'est la performance française tout entière qui en pâtira.

Fertiliser les savoirs, tisser des relations, bâtir des réseaux

Aujourd'hui, le mot-clé n'est plus tant celui d'intégration que celui de connexion et d'immersion. L'entreprise de demain devra être capable de s'immerger dans son environnement en vue d'obtenir une fécondation réciproque, car actuelle-ment le croisement et la fertilisation des savoirs, la coopéra-tion public-privé et même civilo-militaire prennent une place croissante dans la vie quotidienne de l'entreprise. Les fron-tières entre disciplines s'amenuisent, les technologies conver-gent et, naturellement, l'entreprise ne peut rester en dehors de ce mouvement. Elle doit impérativement tisser des réseaux, notamment avec la multitude de communautés qui naissent dans son environnement géographique, économique ou intel-lectuel. Le temps de l'entreprise « bunker » est désormais

© Groupe Eyrolles

---

1. *Op. cit.*

révolu. : les produits et les services de demain ne seront pas imaginés par des équipes de chercheurs claquemurés au fond du service de R&D, mais par des hommes et des femmes insérés dans des réseaux et immergés dans la société pour y déceler les tendances, les désirs et les besoins émergents. L'innovation proviendra du croisement des savoirs. Selon Brice Auckenthaler et Pierre d'Huy, experts en management de l'innovation : « *il ne s'agit pas seulement de décloisonner les différents services de l'entreprise, mais de multiplier les points de contact avec l'extérieur, par exemple en conviant les clients avérés ou potentiels à co-concevoir les biens et services innovants de notre avenir proche[1].* » Plus encore que celle d'hier, l'entreprise de demain se nourrira d'échanges étroits avec son environnement. Si celui-ci est dynamique et animé par des sentiments positifs, elle en bénéficiera pleinement, tandis que s'il est miné par la désespérance, la défiance et la rancœur, l'entreprise en pâtira gravement.

Dans ce contexte, les sociétés privées ne peuvent envisager de laisser partir à la dérive les régions dans lesquelles elles ont implanté leurs activités. Les grandes entreprises mondialisées n'avaient d'ailleurs jamais totalement perdu de vue cette nécessité : on constate effectivement que leurs projets d'implantation dans des pays étrangers en voie de développement étaient toujours assortis de précautions visant à ce que la population locale puisse retirer un certain bénéfice du projet lancé. Qu'il s'agisse de projets éducatifs, de création d'infrastructures ou de politiques de recrutement visant à privilégier un ancrage local, chaque entreprise savait qu'en se montrant philanthrope ou simplement équitable, elle œuvrait aussi pour son propre intérêt. En agissant autrement, elle savait qu'elle récolterait la rancœur, voire l'hostilité des riverains vis-à-vis de ses installations, créant ainsi une instabilité et un climat préjudiciable à son activité. Or, ce raisonnement

---

1. *L'Imagination collective. Créer et piloter des réseaux efficaces*, Brice Auckenthaler et Pierre d'Huy, Liaisons, 2007.

© Groupe Eyrolles

de bon sens avait curieusement été oublié lorsque l'entreprise s'implantait auprès des populations de pays économiquement plus avancés. Est-ce peut-être en raison d'une réglementation contraignante et de la présence d'un État-providence qui prétend pouvoir panser les plaies, que certaines entreprises avaient tendance à être moins attentives à leurs responsabilités à l'égard de leur environnement immédiat ?

Lutter contre la pauvreté... en faisant son travail d'entreprise !

Cette époque est aujourd'hui révolue : l'État providence est en crise et l'entreprise sait qu'elle doit faire face à des attentes croissantes de la part de la société. Celles-ci se révèlent d'autant plus fortes que l'espoir de voir le développement économique et la croissance débouchent mécaniquement sur une réduction de la pauvreté et de la précarité ont été déçus. En raison des mutations accélérées qu'entraîne la mondialisation, de larges franges de la population se retrouvent en effet gravement fragilisées.

Non seulement le chômage persiste depuis des décennies à un niveau très élevé, y compris lors des périodes de reprises économiques, mais, avant même le déclenchement de la crise de 2007, les termes de « déclassement », de « paupérisation » et de « nouveaux pauvres » ont envahi le débat public, trahissant la montée d'une sourde angoisse au sein des sociétés occidentales bousculées par la mondialisation et l'irruption de nouveaux et redoutables challengers : « *Longtemps confinée à des franges bien déterminées de la population – personnes âgées, familles nombreuses, chômeurs de très longue durée, etc. – la pauvreté s'est en quelque sorte rapprochée, parce qu'elle menace désormais des familles comme tout le monde* », diagnostique Denis Clair, économiste et conseiller de la rédaction du mensuel *Alternatives économiques*[1]. Or, les Français

© Groupe Eyrolles

---

1. *La Paupérisation des Français*, Denis Clair, Armand Colin, 2009.

n'ont pas tort d'avoir peur. En France, entre 2004 et 2007, 600 000 personnes supplémentaires se sont retrouvées en situation de pauvreté, si bien que celle-ci concerne désormais 13,4 % de la population.

Face à une telle évolution, les entreprises n'ont évidemment d'autre choix que celui de s'engager pour au moins deux raisons. D'abord parce que les promesses des pouvoirs politiques – comme par exemple celle de résorber le chômage... – n'ont pas été tenues. Ensuite, parce que pour créer de la richesse il n'existe encore aujourd'hui rien de mieux que les entreprises !

Reste toutefois à définir la meilleure façon d'agir ! Il me semble que la meilleure politique consiste à être fidèle à sa vocation et à accomplir efficacement et proprement son travail d'entreprise. La première responsabilité sociale d'une entreprise est d'offrir le plus possible d'emplois, mais surtout des emplois de qualité. Car, l'un des problèmes sociaux majeurs et aussi l'un des scandales de notre époque tient en effet à l'explosion du nombre de travailleurs pauvres qui sont, comme ce terme l'indique, des personnes qui exercent une activité professionnelle mais ne parviennent pourtant pas à en vivre décemment, généralement parce qu'elles enchaînent les emplois précaires et mal rémunérés : contrats à durée déterminée, stages, intérim, etc. Aujourd'hui, on dénombre en France quelque deux millions de travailleurs pauvres passant d'une entreprise à l'autre au gré de missions courtes ne leur permettant ni d'obtenir des revenus suffisants ni de concevoir des projets d'avenir.

Comme le soulignent dans un récent rapport Jean-Paul Bailly, président-directeur général de La Poste, et Xavier Huillard, directeur général de Vinci, pour contribuer à la cohésion sociale, les entreprises doivent avant tout permettre le développement de vraies carrières professionnelles : « *Inscrire le développement individuel des compétences dans une relation durable avec l'entreprise sans verser dans l'utopie de l'emploi à vie implique de compléter le contrat de travail par une obligation mutuelle de développement de*

© Groupe Eyrolles

l'employabilité. Cela nécessite une personnalisation de la formation, un recours élargi aux formations diplomates reconnues en dehors de l'entreprise et un effort accru de développement des compétences pendant les périodes de chômage[1] » écrivent-ils.

Renouer des liens forts et durables avec ses salariés

C'est précisément ce que je m'efforce d'accomplir. Peut-être est-ce une conséquence de mon parcours atypique ? Toujours est-il que je crois passionnément au développement des hommes et aux bénéfices réciproques qui résultent d'une relation forte entre l'entreprise et ses salariés. La formation et la promotion en interne doivent être des axes forts des politiques de ressources humaines. Ainsi, lorsque je dirigeais TNT Express France, chaque employé bénéficiait tous les ans d'une formation, ce qui lui permettait de progresser. 70 % des postes étaient pourvus via une mobilité interne et notre turn-over ne dépassait pas 3,5 %.

Agir ainsi est bien sûr bénéfique pour l'entreprise ! D'une part, cela nous permet d'économiser sur les recrutements externes, de l'autre, il est plus efficace de faire progresser quelqu'un qui connaît bien le métier. Mieux, cela évite les surprises, car, quand on fait progresser quelqu'un, on connaît déjà son savoir-être et l'on renforce son engagement. Mais, cette façon de procéder est également extrêmement bénéfique pour le bien-être de nos salariés. Ceux-ci savent qu'ils ne sont pas considérés comme des citrons que l'on presse avant de les jeter. Ils savent que l'on mise sur eux à long terme et que l'on souhaite même leur offrir des perspectives d'évolution de carrière sur lesquelles ils peuvent s'appuyer pour bâtir des projets de vie personnels.

1. « Renouveler la contribution des entreprises à la cohésion sociale», *Notes de l'Institut de l'entreprise*, janvier 2010.

© Groupe Eyrolles

Ce processus porte ses fruits. Nous faisons réaliser régulièrement par des cabinets indépendants des études en interne sur des critères tels que l'engagement et la satisfaction. Or, le taux de satisfaction avoisine les 90 % ! Et là encore, les intérêts des salariés et ceux de l'entreprise convergent, car nous avons constaté une très forte corrélation de ces résultats avec la satisfaction client. Selon nous, c'est mécanique : des employés engagés rendent un meilleur service aux clients.

Promouvoir la diversité en récompensant le mérite

Un autre versant souvent évoqué en termes de responsabilité sociale de l'entreprise est celui de la promotion de la diversité qui, dit-on, rencontre encore de nombreuses résistances. Pourtant, il me semble que la meilleure méthode consiste à expliquer que la diversité est bénéfique à l'entreprise : lors du recrutement, elle est aussi vitale pour la santé de l'entreprise qu'une alimentation diversifiée l'est pour celle du corps humain. Pour se révéler dynamique et équilibrée, une entreprise doit être nourrie par des personnes qui possèdent des compétences, des histoires et des regards différents. C'est là une source de créativité dont les dirigeants ne peuvent plus se priver.

Toutefois, pour lutter efficacement contre les préjugés, il faut veiller à ne pas en instaurer d'autres, ni donner le sentiment que la promotion de la diversité passe par une forme de favoritisme. Lorsque, probablement emportée par sa fougue naturelle et sa verve, une femme telle qu'Anne Lauvergeon, présidente d'Areva, déclare lors du Women's Forum qui s'est tenu à Deauville en 2009 qu'« *à compétences égales, désolée, on choisira la femme ou on choisira la personne venant de... autre chose que le mâle blanc, pour être clair* », elle ne rend pas service à la cause de la diversité. Elle crée même un grave préjudice aux femmes et aux travailleurs d'origine étrangère puisque ce type de discours les expose très fortement à un soupçon de favoritisme.

© Groupe Eyrolles

Après avoir longuement réfléchi à la question de la diversité, j'en suis venu à la conviction suivante : la seule qui prévale, qui soit moralement et socialement acceptable, c'est celle du mérite. Toute autre conception me semble extrêmement périlleuse et néfaste. D'un côté, il est absolument vital de faire exploser le fameux « plafond de verre » qui empêche l'ascension sociale et professionnelle de certaines catégories de salariés, mais il est également nécessaire de s'abstenir de créer un ascenseur qui leur serait réservé, tandis que les autres seraient priés d'emprunter l'escalier. Les efforts de formation qui permettent à chacun de développer ses propres talents doivent être multipliés, mais il me semble que toute politique de discrimination positive et autres instaurations de quotas peuvent devenir le germe de très graves tensions tant pour les entreprises que pour l'ensemble de la société.

D'ailleurs, les quotas ne sont d'aucune utilité tant il existe de talents à valoriser. Ainsi, lorsque je dirigeais TNT Express France, nous n'avions nullement eu besoin de recourir à la discrimination positive pour recruter 32 % de femmes. De même – et je trouve profondément navrant d'avoir à le préciser – les trois femmes qui siégeaient à mon comité de direction aux côtés de cinq hommes s'étaient bien évidemment impo-sées par leurs seules compétences professionnelles. C'est là une nouvelle preuve que l'entreprise ne participe jamais mieux à la cohésion sociale que lorsqu'elle agit conformément à sa nature, c'est à dire en récompensant l'engagement et la compétence.

Réconcilier l'entreprise avec la société par le respect de sa vocation

L'entreprise doit-elle toutefois aller encore au-delà en assu-mant des responsabilités sociales en dehors de ses murs ? J'en suis intimement persuadé, pour la raison évoquée précédem-ment : l'entreprise ne peut ignorer son environnement ni les demandes qui lui sont exprimées par la société. Toutefois,

© Groupe Eyrolles

il est fondamental qu'elle agisse conformément à sa nature ; l'efficacité elle-même l'exige. Ainsi, je suis de plus en plus convaincu que l'entreprise doit se prémunir contre la tentation d'agir selon un schéma hérité des œuvres de charité. À titre d'exemple, plutôt que de cotiser uniquement à des associations d'aide aux démunis, l'entreprise a davantage intérêt à apporter elle-même à celles-ci son savoir-faire.

À l'instar de Jean-Paul Bailly et Xavier Huillard, je pense que « *la séparation qui prévaut entre l'objet économique de l'entreprise et son action sociétale est appelée à s'effacer progressivement*[1] ». Plutôt que d'agir en marge de son activité, mieux vaut en effet qu'une société privée intègre les demandes sociales et sociétales dans son projet d'entreprise, notamment à travers une redéfinition de ses produits et services afin qu'ils soient mieux adaptés aux populations défavorisées. De telles offres contribueraient à briser la spirale de pauvreté dans laquelle elles sont trop souvent entraînées. Dans cette perspective, les besoins sont immenses. Ils constituent des gisements de croissance qui inciteront les entreprises à faire preuve d'une bien plus grande inventivité que les logiques d'assistanat qui, tôt au tard, sont perçues comme un prélèvement de plus dont nous devons nous acquitter même s'il ne produit que des effets limités. Il faut donc faire confiance à l'entreprise pour contribuer à relever les défis que lui adresse la société, d'autant plus que la réconciliation de la sphère publique et de la sphère privée permet à l'entreprise de se réconcilier avec elle-même parce qu'elle a retrouvé ses fondamentaux. Il est temps de se souvenir que sa place naturelle se situe véritablement au cœur de la société.

© Groupe Eyrolles

---

1. « Renouveler la contribution des entreprises à la cohésion sociale», *art. cit.*

Partie II

L'homme
au cœur
de l'entreprise

VII

Retrouver l'entreprise, communauté humaine

Divorce, désamour, désillusion, désenchantement, défiance, déception… Ce sont désormais les mots qui reviennent le plus souvent sous la plume des observateurs pour caractériser les sentiments des Français à l'égard de l'entreprise. Le diagnostic n'est pas neuf, mais il prend une ampleur croissante qui ne peut laisser indifférents les décideurs économiques, à commencer par les chefs d'entreprises. À l'évidence, quelque chose ne fonctionne plus au sein de l'entreprise. Il nous appartient, à nous dirigeants, de le découvrir au plus vite et, surtout, en se gardant de tout tabou, pour ne pas aboutir à de fausses conclusions et à de fausses solutions.

Regarder en face le désamour qui frappe les entreprises

Affirmons-le d'emblée ! Les voyants sont tous au rouge. Il n'est donc plus possible de s'en tenir aux habituelles explications avancées dans certains milieux patronaux pour s'exonérer de toute responsabilité. Il n'est, par exemple, plus possible, comme autrefois, de se contenter d'incriminer la mentalité française réputée intrinsèquement hostile à la libre entreprise. Certes, nos compatriotes se caractérisent, à des

© Groupe Eyrolles

degrés divers, par une certaine réserve à l'égard du libéralisme et de l'économie de marché. L'enquête réalisée en 2005 par l'institut de sondage international GlobalScan pour l'université du Maryland avait établi, à la stupeur générale, que seuls 36 % des Français étaient d'accord avec l'affirmation selon laquelle « *la libre entreprise et l'économie de marché constituaient le meilleur système pour l'avenir* »…

De même, il est indéniable qu'un certain déficit de culture économique contribue à expliquer leur défiance à l'égard de l'entreprise et de son fonctionnement. Même une personnalité aussi mesurée que Michel Rocard s'en était alarmée, estimant, à l'occasion d'une commission de réflexion sur l'éducation, que « *l'enseignement de l'économie est une catastrophe ambulante responsable du blocage du dialogue social en France*[1] ». Que l'école et le lycée ne donnent pas une vision très attractive et valorisante de l'entreprise est bien sûr un euphémisme. Mais cela suffit-il à expliquer le niveau actuel de défiance ? Certainement pas ! Il serait même irresponsable, de la part des décideurs économiques, de se focaliser sur des causes extérieures à l'entreprise. Rejeter la faute du divorce actuel sur les enseignants, les médias ou la mentalité de nos compatriotes n'a pas beaucoup de sens.

Au moment où la crise aggrave encore cette fracture, il est essentiel de constater cette situation et d'accepter collectivement notre part de responsabilité : le mal est profond et se nourrit de la façon dont de nombreuses entreprises fonctionnent aujourd'hui. Si le monde du travail suscite l'inquiétude parmi nos compatriotes, c'est qu'il est, à certains égards, devenu réellement angoissant. Et si l'entreprise n'est pas toujours aimée, c'est peut-être aussi parce qu'elle ne se montre pas toujours aimable.

Un sondage réalisé voici quelques mois à propos des jeunes et de l'entreprise, suffit à démontrer que cette dernière n'est pas victime d'une quelconque conspiration de professeurs

1. *Le Figaro*, 7 janvier 2008.

© Groupe Eyrolles

d'école. En effet, lorsque, au sortir de leurs études, les jeunes découvrent l'entreprise à l'occasion de leur premier emploi, ils vivent d'abord une grande histoire d'amour ! Ils aiment leur boîte et leur job ! Quelque 85 % d'entre eux estiment qu'on leur fait confiance et apprécient l'ambiance de travail. Mieux : 82 % jugent même leur travail intéressant. Hélas, cette idylle est de courte durée, car après trois années de vie profession-nelle, ils déchantent déjà : leur indice d'engagement chute de 25 %[1]. Pour nous, patrons, le constat est rude : c'est bien en apprenant à connaître l'entreprise de l'intérieur que les jeunes Français apprennent à ne plus l'aimer…

Pas question de ne voir là qu'une confirmation de la difficulté à séduire la fameuse « Génération Y » réputée pétrie d'aspira-tions éthiques, avide de convivialité et soucieuse d'épanouisse-ment personnel ! Car le phénomène ne se limite pas aux plus jeunes : la démotivation touche tous les salariés sans distinc-tion d'âge, de sexe ou de position dans la hiérarchie. Et, la crise aidant, elle atteint des niveaux records. Selon la dernière enquête Sociovision[2], quelque 74 % des salariés interrogés déclarent : « *Je travaille avant tout pour gagner ma vie, mais mes centres d'intérêt sont ailleurs* » ; d'où un désengagement pour le moins préoccupant : 43 % d'entre eux estiment « *avoir assez de responsabilités* » et affirment « *ne pas souhaiter en prendre plus* ».

L'inquiétant désenchantement des cadres

Des experts se sont amusés à dresser une typologie de ces salariés à bout. Ils distinguent : *l'absent, le procédurier, le rebelle, l'usé, l'individualiste, l'hédoniste ou encore le résigné*, mais leur prêtent un trait commun : un profond désenchantement[3]. Là encore, impossible de se rassurer en imaginant qu'il s'agit de

---

1. "Génération donnant-donnant", enquête réalisée par TNS/Sofres pour Euro RSCG C&O, 16 septembre 2008.
2. « Enquête Sociovision », *Liaisons sociales*, octobre 2008.
3. *Ibid.*

© Groupe Eyrolles

gérer les habituels tire-au-flanc. L'explication serait un peu courte ! À l'issue d'une étude sur la tentation du retrait chez les cadres, réalisée pour le compte d'Adecco, Juliette Ghiulamila est formelle : « *Les phénomènes de désengagement les plus extrêmes ne sont pas le fait de losers, mais des plus performants*[1] ». Car, pour ne rien arranger, cette désillusion frappe tout particulièrement les cadres, c'est-à-dire le système nerveux de l'entreprise.

Ici encore, il faut changer de posture et ne pas prendre à la légère le malaise qui s'empare de cette catégorie de salariés. Il y a quelques années encore, lorsqu'un cadre exprimait son mal-être, il était de bon ton de hausser les épaules ou de s'offusquer. « Réaction d'enfant gâté ! », pensait-on un peu vite. Parce que les cadres passaient encore pour une catégorie privilégiée jouissant d'un statut enviable convoité par tous dans l'entreprise. Devenir cadre était encore une consécration ! « *Il y a trente ans, rappelle Gabriel Artero, président de l'Apec, les cadres qui entraient dans un groupe lui devaient tout. En retour, la pérennité de l'emploi et un déroulement de carrière leur étaient assurés. À l'époque, les cadres se sentaient dépositaires de la stratégie de l'entreprise. Il y avait une adhésion globale : ils étaient porteurs de décisions, même sans y avoir directement participé*[2]. » Qui peut croire que c'est encore le cas aujourd'hui ?

Désormais, tout le monde est cadre ou presque. D'ailleurs, les cadres n'encadrent généralement plus personne. Leurs repères sont brouillés, leurs missions trop fluctuantes, leurs marges de manœuvres trop réduites. « *Hier, écrit encore Gabriel Artero, les cadres étaient une figure de référence. Ils avaient la vision de l'entreprise. Aujourd'hui, si un salarié les interroge sur une annonce dans les médias, ils n'ont pas toujours la réponse. Frustrant*[3] ! »

---

1. « Cadres, la tentation du retrait », étude téléchargeable sur www.adecco.fr.
2. *Courrier Cadres*, septembre 2008.
3. *Ibid.*

© Groupe Eyrolles

Résultat : selon une étude commandée par l'Apec, seuls 31 % des cadres se disent « épanouis ».

Il ne faut donc pas se méprendre sur la nature du malaise des cadres. Ces derniers restent légitimement préoccupés par leur carrière et leur rémunération, mais, pour autant, leur malaise ne pourra être résolu en leur signant un petit ou un gros chèque. Car, à rebours de clichés éculés, ils ne veulent pas tant gagner plus ou travailler moins que travailler autrement. Ils souhaitent avant tout retrouver de la cohérence et du sens, redevenir fiers d'eux-mêmes, de leur job et de leur boîte !

Ma conviction est donc qu'il faut prendre au sérieux les récriminations des cadres, parce que leur malaise exprime celui de l'entreprise dans son ensemble. D'autant que les cadres sont bien intentionnés. Leurs récriminations ne sont ni idéologiques ni corporatistes et il serait véritablement difficile de les faire passer pour une cinquième colonne gauchiste entreprenant de détruire l'entreprise de l'intérieur. Auteurs d'un ouvrage sur la rébellion des cadres, David Courpasson et Jean-Claude Thoenig, respectivement professeurs à l'EM-Lyon et à l'Insead, insistent à raison sur ce point : « *Leurs contestations ne sont réductibles en aucune manière à des mouvements sociaux syndicalement ou politiquement encadrés. Aucun drapeau ne les identifie. Elles ne cherchent pas à satisfaire des revendications de type salarial. Elles ne visent pas à balayer le néo-capitalisme ou à changer la société*[1]. »

Il convient également de se prémunir contre la tentation de déplorer que, décidément, les cadres ne soient plus comme avant ! Bien sûr, ils ont changé, n'ont plus exactement les mêmes aspirations que leurs aînés, mais ils ne sont, à mon sens, ni plus paresseux ni plus idéalistes qu'auparavant. Toutes les enquêtes d'opinion le confirment : ils gardent la valeur travail chevillée au corps, ne manquent pas d'esprit

---

1. *Quand les cadres se rebellent*, Daniel Courpasson et Jean-Claude Thœnig, Vuibert, 2008.

© Groupe Eyrolles

d'initiative et ne demandent qu'à s'investir dans leur job. Un signe ne trompe pas : ceux qui entrent en révolte parlent invariablement comme des amoureux déçus. Leur vocabulaire est celui du dépit sentimental. Tous affirment d'abord l'attachement qui était le leur pour leur entreprise. Cessons donc d'invoquer cette prétendue décadence des cadres ! À l'évidence ceux-ci ont moins changé que l'univers professionnel dans lequel ils évoluent.

La rupture du pacte unissant l'entreprise à ses salariés

En effet, au cours des deux dernières décennies, l'entreprise a subi de profondes mutations. Comme on l'a constaté, elle a dû s'adapter à une modification radicale de son environnement engendrée par la mondialisation et la financiarisation de l'économie, remettant ainsi en cause le pacte qui unissait salariés et entreprises. Les modes de management ont été alors radicalement bouleversés. Or, conjointement, ces métamorphoses ont contribué à une certaine déshumanisation des relations de travail.

Les salariés ne sont pas naïfs et n'ont pas attendu la crise actuelle pour savoir que lorsque l'entreprise doit choisir entre ses impératifs économiques et ses aspirations sociales, ce sont toujours les premiers qui priment. C'est la logique même du système capitaliste : l'entreprise doit assurer sa rentabilité, sinon elle disparaîtra irrémédiablement. Au fil des précédents retournements de conjonctures, les cadres avaient déjà appris qu'eux aussi pouvaient faire les frais d'un tel arbitrage. Ce fut un premier choc, chacun comprenant soudainement que, contrairement à ce qu'avait pu laisser croire la croissance ininterrompue des Trente Glorieuses, les résultats dont dépendait son maintien dans l'emploi ne sont jamais acquis. Cette prise de conscience a été douloureuse, mais a fini par être acceptée.

© Groupe Eyrolles

En effet, les termes du contrat restaient identiques. Seule la conjoncture avait changé.

Cependant, les évolutions de ces dernières décennies dues à la financiarisation de l'économie n'ont pas été admises de la même manière par les salariés. En effet, la situation des sociétés cotées a été radicalement bouleversée. Désormais, pour la plupart des grandes entreprises, les impératifs économiques sont surtout financiers, la satisfaction des actionnaires prenant une importance qu'elle n'avait jamais eue jusqu'ici. Les salariés ont constaté avec effroi qu'ils pouvaient être sacrifiés non seulement à la pérennité de l'entreprise – ce qu'ils pouvaient comprendre – mais aussi aux exigences financières exorbitantes de certains actionnaires. Ici, il y a bien rupture du pacte initial. D'où le sentiment d'incompréhension et de scandale qui nous étreint lorsque nous apprenons, comme c'est le cas dans des situations extrêmes, que certains sites industriels peuvent être fermés alors même qu'ils sont rentables, et, surtout, sans que cela soit justifié par une quelconque stratégie à long terme, bénéfique à tous. Contrairement à ce que beaucoup de personnes croient trop souvent, la dérive actuelle n'est pas celle d'une soumission des aspirations sociales aux impératifs économiques. En réalité, de plus en plus fréquemment, les uns comme les autres sont soumis à des diktats financiers à court terme qui font voler en éclat la communauté de destin que représentait l'entreprise.

Les cadres au cœur des tensions de l'économie contemporaine

Cela, bien sûr, les cadres ne peuvent l'accepter. Ni pour eux-mêmes, ni pour les autres. Car ils se retrouvent évidemment toujours en première ligne pour annoncer les décisions douloureuses. Comme le relève *Courrier Cadres*, leur rôle est pour le moins ingrat : « *Chargés de dénicher des économies, de gérer un plan social ou de jouer les Messieurs météo annonciateurs*

© Groupe Eyrolles

de mauvaises nouvelles, ils sont plus que jamais obligés de s'interroger sur leurs valeurs personnelles et le sens de leurs actions[1]. »

Le mécanisme qui se met en place est alors implacable : la crise économique dégénère en crise de conscience chez les cadres, avant de dégénérer ensuite en crise de confiance généralisée. Le baromètre Ipsos de suivi d'image des grandes entreprises françaises évoquait déjà ce point en 2009 : « *Tous les secteurs apparaissent touchés par la crise de confiance. Le désaveu est généralisé et seule une poignée d'entreprises échappe à la sanction sans appel des Français[2]. »*

Ce processus est mortel pour les entreprises, d'autant plus que, dans un environnement globalisé et concurrentiel, rien n'est désormais possible sans l'implication des salariés. Or, faute de confiance, l'engagement périclite dangereusement. La pression au quotidien, l'absence de reconnaissance, le sentiment d'être sur un siège éjectable ont entamé la motivation des cadres au moment où elle est plus nécessaire que jamais. L'entreprise est, dès lors, prise dans une spirale infernale que la crise ne fait que renforcer : « *Les dirigeants ont troqué leur vision à long terme pour une vigilance au jour le jour. L'incertitude qui pèse sur les mois à venir amène les dirigeants à pratiquer par précaution un très fort resserrement des coûts. Cela génère une double pression sur les cadres, à la fois parce qu'ils subissent cette baisse des coûts, mais aussi parce que ce sont eux qui doivent la mettre en œuvre. Cette pression va probablement accroître, sur le long terme, les phénomènes d'individualisation et de repli[3] »*, déplore François Dupuy, professeur à l'Insead.

---

1. *Courrier Cadres*, janvier 2009.
2. Consultable sur www.ipsos.fr.
3. *Enjeux-Les Échos*, février 2009.

© Groupe Eyrolles

Restaurer la confiance
en misant sur la coopération

Pour survivre, les entreprises doivent donc s'attacher à restaurer la confiance. Mais, inutile de se leurrer : la tâche sera ardue tant le scepticisme domine. En effet, au moment même où 50 % des cadres perçoivent de l'inquiétude au sein de leurs équipes en raison de la crise, 72 % d'entre eux se disent « *sceptiques sur la transparence des discours des entreprises*[1] ».

La restauration de la confiance ne saurait donc reposer sur des artifices de communication, car les salariés n'attendent pas un changement de discours, mais un changement de posture se traduisant par de nouveaux équilibres et de nouvelles pratiques managériales. Il s'agit, pour les dirigeants, de démontrer que chacune de leurs décisions est prise dans l'intérêt de tous. Certains l'ont bien compris : « *Pour reprendre une typologie classique en sciences sociales, l'entreprise doit démontrer, par sa pratique managériale, qu'elle n'est pas seulement une Gesellschaft, une société fondée sur l'intérêt individuel, le calcul et la compétition, mais également une Gemeinschaft, une communauté transcendée par des liens fraternels et des objectifs exaltants*[2] », observe ainsi les membres d'un cabinet de conseil en management.

Cette préconisation est tout sauf abstraite. Elle exige une multitude de changements de perspectives et nécessite notamment de sortir de la vision strictement comptable de l'entreprise, véhiculée par les fameux *cost killers*. En théorie, leur raisonnement semble toujours implacable : « *De l'arithmétique pure : il fallait augmenter la productivité de 40 %, nous ne pouvions pas augmenter la production, donc il fallait réduire l'effectif de 40 %*[3] », confiait l'un d'entre eux au quotidien *Libération*. Imparable, sauf qu'une entreprise ne se résume pas

---

1. « Les cadres et l'emploi face à la crise », Baromètre Cadremploi, Ifop, janvier 2009.
2. *La Lettre Alter&Go*, octobre 2007.
3. *Libération*, 26 février 2009.

© Groupe Eyrolles

à des bilans comptables : son essence même est celle d'une communauté humaine que de tels raisonnements font inévitablement voler en éclat.

D'autres changements attendus vont dans le sens d'une vision plus communautaire et solidaire de l'entreprise. Professeur, à la London Business School, Lynda Gratton remarque ainsi que la compétition n'est plus l'alpha et l'omega du management contemporain : « *Il n'y a pas si longtemps, les élites économiques considéraient la compétition comme le moyen le plus approprié d'atteindre leurs objectifs. [...] Dans les conseils de direction, on ne parlait que de "gagnants", de "perdants" et de "champs de bataille"*[1]. » Cela se traduisait notamment par des pratiques de management glorifiant les vertus de la compétition interne, notamment à travers l'octroi de primes individualisées. Mais ce temps est peut-être révolu : « *Désormais, dans les bureaux des directions, il est de plus en plus question de collaboration.* » Ce constat ne résulte pas seulement de considération organisationnelle et des nouvelles possibilités offertes par les technologies collaboratives, il découle aussi d'aspirations beaucoup plus profondes, liées à la nature humaine. En effet, confrontés à une concurrence extérieure extrêmement violente, les salariés, à tous les niveaux de la hiérarchie, ressentent le besoin de se serrer les coudes.

La crise actuelle ne fera que renforcer cette tendance. Face à une conjoncture difficile, les membres de l'entreprise veulent avoir le sentiment qu'ils font bloc et qu'ils constituent une équipe soudée face aux turbulences. En d'autres termes, ils souhaitent que l'entreprise se comporte comme une communauté dont les membres sont unis grâce aux objectifs partagés et aux liens fraternels : « *Nous sommes dans un changement de modèle. Certaines entreprises vont sortir plus fortes, et je pense que ce seront celles qui auront un petit supplément d'âme*[2] », avertit Maxime Holder, P.-D.G. des boulangeries Paul.

---

1. "Understanding the Culture of Collaboration", cahier spécial du *Financial Times*, 13 juillet 2007.
2. *Le Monde*, 17 février 2009.

© Groupe Eyrolles

Rétablir d'un même mouvement équité et autorité

Encore faut-il comprendre qu'une telle affirmation n'a rien de démagogique ou de lénifiant ! En effet, l'appartenance à une communauté se traduit par des droits, mais aussi par des devoirs. Si l'entreprise est une communauté, cela signifie que ses membres sont liés par des obligations réciproques et la poursuite d'un projet commun. Dans ce contexte, l'engagement de chacun est requis, à commencer par celui de la direction. En effet, contrairement à ce que l'on croit trop souvent, la coopération ne résulte jamais de l'effacement de la hiérarchie, mais, au contraire, de son implication. Le rôle des dirigeants consiste nécessairement à garantir l'équité. Chacun doit comprendre ce que l'on attend de lui et avoir le sentiment que son effort sera justement rétribué. La direction doit donc s'attacher au respect d'un certain nombre de règles de comportements : respect des salariés, affichage d'une communication claire sur les décisions prises, maintien des compétences et, surtout, définition d'un projet à long terme dans lequel chacun puisse trouver sa place. La bienveillance n'exclut pas l'exigence.

Envisager l'entreprise sous la forme d'une communauté humaine exige donc des dirigeants qu'ils remplissent leur rôle plutôt que de s'abriter derrière des procédures désincarnées et abstraites. Communauté rime avec fraternité et solidarité, mais aussi avec autorité, c'est une règle incontournable. Comme l'a perçu le sociologue Jean-Pierre Le Goff, « *toute collectivité humaine, écrit-il a besoin d'une instance qui se détache d'elle pour se penser comme sujet collectif capable d'agir*[1]. » Sans celle-ci, le morcellement la menace. Pour mettre un terme au divorce actuel entre l'entreprise et ses salariés, il faudra donc se souvenir que la bienveillance n'exclut pas l'exigence. Dans

---

1. *La France morcelée*, Jean-Pierre Le Goff, coll. « Folio actuel », Gallimard, 2008.

© Groupe Eyrolles

les périodes difficiles, les dirigeants doivent exprimer de la compassion, mais surtout de la passion. Pour surmonter les divisions, il faut une vision qui unisse et donne envie d'aller de l'avant.

© Groupe Eyrolles

VIII

Rénover le management en réhabilitant les managers

Sale temps pour les managers ! Le management des entreprises privées n'a jamais été autant critiqué qu'aujourd'hui. De ce point de vue aussi, la crise économique et financière a fait office de révélateur et d'accélérateur. Perte de sens, violences au travail, suicides de salariés… De nombreux symptômes alimentent la crainte d'une crise managériale dont se passeraient volontiers les entreprises, mais qui pourrait pourtant se révéler salvatrice, à condition, toutefois, qu'elle incite à se souvenir qu'au travail aussi, il n'est de richesses que d'hommes.

Remettre l'homme au cœur de l'entreprise

La place accordée à l'homme dans l'entreprise fait véritablement débat et alimente les récriminations. Comme le résume le quotidien économique Les Échos, « *beaucoup accusent le management de trop sacrifier le facteur humain au profit des chiffres[1]* ». Ce reproche est bien connu des managers. Directeur du Laboratoire

---

1. « Vers une crise des modèles de management ? », Muriel Jasor, *Les Échos,* 08 octobre 2009.

© Groupe Eyrolles

de changement social à l'université Paris VII, Vincent Gaulejac fustige depuis de longues années cette évacuation de l'humain qui, selon lui, figure au cœur de ce qu'il appelle l'idéologie gestionnaire : « *Dans cette logique de pensée*, déplore-t-il, *on exclut de l'analyse tout ce qui est considéré comme irrationnel, parce que non mesurable, non calculable. Les registres affectifs, émotionnels, imaginaires et subjectifs sont considérés comme non fiables et non pertinents. À la limite, ils n'existent pas parce qu'on ne sait pas [...] les traduire en chiffres[1].* » Or, si ce souci d'objectivité est louable, il est également parfaitement vain, car « *la mise en équation de la réalité ne permettra jamais de comprendre le comportement des hommes et l'histoire des organisations[2]* ».

Ce discours n'est donc pas nouveau. Néanmoins, alors qu'il émanait auparavant de milieux notoirement critiques à l'égard de l'entreprise, il est aujourd'hui repris à leur compte par les managers eux-mêmes. La crise a ouvert la voie à des remises en cause radicales. Dans un ouvrage au titre pour le moins explicite – J'ai fait HEC et je m'en excuse –, Florence Noiville relate le malaise des élites économiques formées dans les plus prestigieuses écoles de gestion. Au fil des pages, cette ancienne du campus de Jouy-en-Josas décrit des hommes et des femmes désabusés d'avoir été, estiment-ils, mal préparés aux véritables enjeux du management d'entreprise : « *Ils considèrent généralement que l'ensemble des grandes écoles de management propulsent à des postes importants des cadres ayant perdu le sens des réalités et peu sensibilisés aux conséquences humaines des actes de management[3].* »

1. *La Société malade de la gestion – Idéologie gestionnaire, pouvoir managérial et harcèlement social*, Vincent de Gaulejac, Le Seuil , 2009.
2. *Ibid.*
3. *J'ai fait HEC et je m'en excuse*, Florence Noiville, Stock, 2009.

© Groupe Eyrolles

Les *business schools* redécouvrent le facteur humain

Sombre tableau qu'il faut toutefois tempérer par le constat d'une prise de conscience généralisée ! Car les *business schools* elles-mêmes n'hésitent plus à faire leur autocritique : « *Le management manque de pensée réflexive*, déplore Rodolphe Durand, directeur du département stratégie d'HEC, *il est devenu fonctionnaire. Il accomplit des missions sans âme et sans remords au nom d'un dogme*[1]. » Professeur à l'ESCP-Europe, Frédéric Fréry reconnaît de son côté que « *le management ne s'adresse qu'à une partie de notre humanité mais néglige tout le reste, les passions, les instincts, les aspirations*[2] ».

Les mentalités sont donc en train d'évoluer. Et les dirigeants d'entreprises ne sont pas en reste ! Je peux témoigner que nombre d'entre eux se souviennent que, conformément à une célèbre formule, le management c'est « *de la gestion avec un petit quelque chose en plus* », c'est-à-dire la capacité à comprendre et à diriger les hommes et les femmes qui composent l'organisation. Ainsi, tandis que Casino affirme vouloir « *réintroduire de l'humain dans la gestion de l'entreprise* », Jean-Paul Bailly, patron de La Poste, a pris la plume pour mettre en garde son équipe de managers : « *À la dureté de la crise, ne doit pas s'ajouter la dureté du management ; cela doit se manifester dans les comportements au quotidien, dans la qualité de l'écoute, dans le respect des personnes*[3]. »

Simples opérations de communication dictées par la volonté de coller à l'air du temps, diront les détracteurs de l'entreprise et du patronat ! Rien n'est moins sûr ! Car les dirigeants ne sont pas les monstres froids et cyniques que l'on croit. La plupart d'entre eux aiment vraiment leur entreprise et savent qu'elle ne se résume pas à des équations et des chiffres. Bien

1. *Les Échos*, 8 octobre 2009.
2. *Ibid.*
3. *Ibid.*

© Groupe Eyrolles

informés des réalités, ils se défient des théories préconçues et connaissent la valeur des hommes.

En réalité, ces prises de position sont d'autant moins superficielles qu'elles répondent aussi à des considérations d'efficacité, car tout concourt aujourd'hui à retrouver la dimension humaine de l'entreprise. Les dirigeants qui replacent l'homme au centre de leur organisation ne cèdent en rien à la démagogie. Ils s'intègrent dans un mouvement général dans lequel prennent place tant les progrès des sciences que les mutations de l'économie.

La fin du mythe de l'*homo œconomicus*

Sans que l'on y prenne vraiment garde, le management tend à être profondément influencé par les avancées des neurosciences et, plus spécifiquement, par le développement de la neuroéconomie qui, peu à peu, renouvelle notre vision de l'homme. Comme l'écrit Sacha Gironde, professeur à l'École des Hautes Études en Sciences Sociales (EHESS) : « *la première fonction de la neuroéconomie est de contribuer à la compréhension d'une diversité de comportements humains qui relèvent en principe de l'économie, mais que les modèles économiques classiques négligent ou ne permettent pas vraiment d'expliquer* [1] », si bien que, ces dernières années, le mythe de l'homo œconomicus en a pris un coup !

Plus personne ne croit encore que les hommes et les femmes sont des agents économiques agissant de façon purement rationnelle. Aux États-Unis, les professeurs Richard Thaler et Cass Sunstein, auteurs d'un best-seller sur « les moyens d'améliorer les décisions des citoyens en matière de santé, de bien-être et de bonheur », s'amusent des errements passés : « *Si vous consultez les manuels d'économie, vous apprendrez que*

_____

1. *La Neuroéconomie. Comment le cerveau gère mes intérêts*, Sacha Gironde, Plon, 2008.

© Groupe Eyrolles

l'homo œconomicus peut raisonner comme Albert Einstein, mémoriser comme l'ordinateur Big Blue d'IBM et avoir la volonté du Mahatma Gandhi. Mais les gens que nous connaissons ne sont pas comme cela. Les vrais gens ont des soucis avec les longues équations s'ils n'ont pas de calculette et parfois ils oublient même l'anniversaire de leur femme[1] ! »

En offrant une vision plus juste et plus équilibrée de la nature humaine, les neurosciences contribuent à replacer l'homme au centre de l'entreprise. Elles soulignent que le management efficace est celui qui prend en compte l'homme dans toutes ses dimensions et se souvient que les salariés sont aussi mus par des sentiments, des émotions et des passions. Bien entendu, cela modifie intégralement nos façons de diriger et de travailler. Désormais, quelle que soit leur place dans la hiérarchie, les salariés ne sont plus sommés de laisser leurs émotions à la porte de l'entreprise, mais de les accepter. Mieux ! on leur demande même de les cultiver et de s'en servir pour doper leurs capacités relationnelles et leur créativité. Car si l'homme n'a ni l'endurance d'une machine ni la puissance de calcul d'un ordinateur, il possède bien d'autres qualités essentielles au travail, à commencer par la soif de créativité, la sociabilité et l'altruisme.

Le QI concurrencé par le... QE !

Autre signe de cette petite révolution : le déclin relatif du fameux QI accusé de ne prendre en compte qu'une petite part de l'intelligence humaine. À l'image de Robert Sternberg, doyen de la faculté des arts et sciences de la Tuft University (Massachussetts), le monde de l'entreprise estime de plus en plus que l'enjeu est de développer « *non seulement l'intelligence analytique, mesurée par le QI, mais également la créativité et l'intelligence pratique[2]* ». Au travail, avoir un QI élevé ne suffit plus

---

1. *Nudge: Improving Decisions About Health, Wealth, and Happiness*, Richard H. Thaler & Cass R. Sunstein, Pinguin Books, 2009.
2. *Sciences Humaines*, février 2007.

© Groupe Eyrolles

à faire le poids ! Comme l'explique le professeur Sternberg, les hommes et les organisations qui réussissent doivent posséder « *trois formes d'intelligence : la créativité, pour trouver des idées adaptées à un monde en mutation, l'intelligence analytique pour s'assurer qu'elles sont bonnes, l'intelligence pratique pour les faire accepter et appliquer[1]* ». Ces travaux contribuent à décomplexer dirigeants et managers. Alors qu'ils devaient jadis se montrer insensibles, froids et rationnels – quitte à violer leur nature profonde –, ils peuvent désormais faire part de leurs sentiments et prendre en compte leurs intuitions. Il en résulte ainsi un nouveau style de management plus empathique qui ne demande qu'à prendre de l'ampleur.

Bien engagé aux États-Unis, ce changement de perspective a fini par gagner la France. Dans un récent ouvrage écrit en collaboration avec le flamboyant Jacques Séguéla, Christophe Haag, professeur à l'EM Lyon Business School fait ainsi la promotion du quotient émotionnel (QE) auprès des dirigeants et managers[2]. Sa conviction ? La dictature du QI est sur le point de tomber et l'on voit éclore parmi les dirigeants d'entreprise, une « Génération QE ». Au-delà de sa formulation quelque peu péremptoire et « marketing », ce concept recouvre une réalité tangible.

Au fil de mes rencontres avec mes confrères patrons, j'ai pu constater que l'attention portée aux hommes et à leurs émotions faisait un retour parmi les chefs d'entreprise, y compris parmi les dirigeants de sociétés cotées. Alors qu'auparavant ces derniers se préoccupaient avant tout de stratégie, voire de finance, ils s'impliquent maintenant davantage dans le management. Certes, ils s'inquiètent encore des réactions potentielles de leurs actionnaires, mais ils portent aussi attention à l'impact de leurs décisions sur le moral et

---

1. "Developing new leaders for a changing world", *Brief Vision Statement,* Tuft University, 18 mai 2006.
2. *Génération QE*, Christophe Haag et Jacques Séguéla, Pearson Education, 2009.

© Groupe Eyrolles

la motivation de leurs collaborateurs. Pour Xavier Huillard, directeur général de Vinci, il s'agit d'un simple retour au bon sens et aux fondamentaux du management : « *C'est primordial, dit-il, de prendre en compte les émotions, surtout dans nos métiers qui sont des métiers de gestion des hommes. [...] Une entreprise, c'est d'abord du management, et ensuite seulement de la finance et de la stratégie. Et comme le management c'est de la psychologie et de l'intuition, comment ne pas prendre en compte les émotions*[1] *!* »

Non seulement les dirigeants se préoccupent davantage de leurs ressources humaines, mais celles-ci n'ont plus le caractère désincarné qu'elles avaient pris ces dernières années. Jusque dans les conseils d'administration, on réalise pleinement que l'engagement, la réactivité et la créativité des salariés de l'entreprise dépend de leur état psychologique.

La valorisation de la personnalité et de la diversité

Cette évolution des mentalités transforme profondément toutes les dimensions de la vie d'entreprise, à commencer par le recrutement. Il y a quelques années encore les fortes personnalités étaient redoutées et écartées. Pour avoir une chance d'être embauché, il fallait avant tout se montrer conforme, dans la façon de se vêtir, de se présenter, de penser et, bien sûr, d'agir. Les candidats dociles et au parcours bien balisé, bien rectiligne étaient alors systématiquement préférés à ceux présentant un profil atypique, mais ce temps est heureusement révolu. Désormais, les dirigeants avisés recherchent autant que possible la diversité dans les équipes. Ils estiment à raison que du métissage des origines, mais aussi des caractères, des formations, des parcours et des expériences, peut jaillir un surcroît de créativité.

---

1. *Ibid.*

© Groupe Eyrolles

C'est d'ailleurs là que réside le véritable atout de la diversité en entreprise : dans la capacité des collaborateurs à envisager de différentes façons un problème à résoudre ou un défi à relever en commun. Les entreprises l'ont désormais compris et donnent ainsi raison à l'essayiste américain Daniel H. Pink, qui, dès 2005, pronostiquait que « *l'ère de la domination du cerveau gauche, laissait la place à un nouveau monde dans lequel les qualités associées au cerveau droit – l'inventivité, l'empathie et la création de sens – étaient appelées à prédominer*[1]. »

La revanche de l'humain sur l'arithmétique

La volonté de croiser les savoirs est l'un des traits les plus frappants de la période actuelle. On la retrouve même jusque dans les instances dirigeantes des plus hautes autorités financières. Traumatisée par la cécité dont ont fait preuve les experts s'en remettant à la toute puissance des chiffres et des statistiques, la Banque d'Angleterre a ainsi engagé une réflexion avec… des zoologistes. Comme le rapporte le *Financial Times*, l'objectif poursuivi est de confronter les modèles mathématiques dont se servent les financiers à la pratique de scientifiques dont le métier est d'observer le monde vivant. Car, dans un monde marqué par une instabilité prégnante, une complexité croissante et des évolutions inattendues, il est illusoire de s'en remettre à une grille d'analyse unique. Cette anecdote révèle sans doute une tendance plus profonde en vertu de laquelle la souplesse et l'incertitude de la biologie se substituent progressivement à la rigidité quelque peu péremptoire de l'arithmétique.

Toutefois, la finance n'est pas seule concernée ; la société entière évolue plus vite et de façon souvent chaotique. Plus imprévisible, plus complexe, plus instable, elle est traversée de courants contraires qui font éclater les anciennes catégories

1. *A Whole New Mind. Moving from the Information Age to the Conceptual Age*, Daniel H. Pink, Riverhead Books, 2005.

© Groupe Eyrolles

et évoluer nos modes de pensée. Comme l'écrit Jolanta Bak, directrice d'un cabinet de marketing, nous vivons dans « *une société peu linéaire et si paradoxale que toute proposition trop arrêtée semble immédiatement contredire un fragment de réalité*[1]. » Dès lors, pour les décideurs, tant publics que privés, plus question de s'en remettre à de quelconques dogmes ni de se laisser aller à la routine : « *Il faut oser. Il faut innover pour renaître. Adopter une attitude de créativité, de liberté de pensée, de fertilisation croisée des idées et des univers, et surtout être dans l'enthousiasme*[2]. »

Créativité, adaptabilité, agilité ! Ces impératifs ne sont pas des lubies de sociologues ou d'experts en marketing. Ils sont une réalité quotidienne pour les organisations. Confrontées à la concurrence des pays émergents et à l'évolution accélérée de la demande, les entreprises sont engagées dans une course permanente à l'innovation. Il faut conserver une longueur d'avance et surprendre des consommateurs plus exigeants et volontiers blasés.

À l'occasion d'une étude réalisée par IBM auprès d'un millier de patrons du globe quelque 98 % d'entre eux affirmaient devoir faire évoluer leur business model dans les trois ans[3] ! Invités à déterminer les principaux facteurs de changements, ils citaient notamment l'évolution des marchés (48 %), des compétences humaines (48 %) et des technologies (35 %). Une situation ainsi résumée par Ad J. Scheepbouwer, patron de KPN Telecom : « *Nous avons vu plus de changement dans les dix dernières années que dans les quatre-vingt-dix précédentes.* » Quant aux auteurs de l'étude, ils concluaient par ces mots : « *Les organisations sont bombardées par le changement et se battent pour rester dans le coup !* »

---

1. *La Société mosaïque*, Jolanta Bak, Dunod, 2007.
2. *Ibid.*
3. "The Entreprise of the Future", *IBM Global CEO Study*, 2008, www.ibm.com/fr.

© Groupe Eyrolles

Le talent des hommes, principal avantage concurrentiel

De fait, l'économie mondiale a bien changé. « *Économie de l'immatériel* », « *économie de la connaissance* » *ou* « *économie du quaternaire* »... Les concepts se succèdent, mais pour les entreprises, les conséquences sont convergentes ! Désormais, la capacité d'innovation, de création et de production des idées est devenue l'avantage compétitif essentiel. Dans un rapport sur l'économie de l'immatériel remis en décembre 2006 au gouvernement, Maurice Lévy et Jean-Pierre Jouyet dressaient le constat suivant : « *Au capital matériel a succédé, dans les critères essentiels de dynamisme, le capital immatériel ou, pour le dire autrement, le capital des talents, de la connaissance, du savoir-faire[1].* »

Un constat que ne renierait pas Michèle Debonneuil, membre du Conseil économique et social. Elle observe que « *la frontière entre les biens et les services s'estompe, et laisse la place à des synergies. Les services deviennent en quelque sorte écrin pour les biens, dont ils accroissent et prolongent l'utilité. Le secondaire et le tertiaire se conjuguent. L'économie du quaternaire est en train de naître.* » Ici encore, la créativité est de mise : « *Alors que dans l'économie de la mécanisation la croissance était mue par la quantité de biens produits, dans l'économie du quaternaire elle est tirée par l'amélioration de la qualité des services et des biens[2].* »

Bien entendu, cette nouvelle donne implique de laisser davantage de latitudes aux hommes et aux femmes de l'entreprise. En effet, qui d'autres qu'eux peut donner vie à cette quête permanente de créativité et offrir à l'organisation la réactivité dont dépendent son développement et même sa survie ? Et, *in fine,* sur qui reposent la qualité des services proposés si

---

1. « L'Économie de l'immatériel. La croissance de demain », Maurice Lévy, Jean-Pierre Jouyet, *La Documentation française,* 2007.
2. *L'Espoir économique. Vers la révolution du quaternaire,* Michèle Debonneuil, Bourin Éditeur, 2007.

© Groupe Eyrolles

ce n'est sur les hommes et les femmes qui, au quotidien, en seront responsables ? Autant dire que, contrairement à une idée reçue, la compétitivité des entreprises innovantes ne repose pas sur la seule performance de quelques génies créatifs. Au contraire ! Comme j'ai pu l'observer quotidiennement dans mon entreprise, la réussite repose sur la participation continue de tous au processus d'innovation et d'amélioration de la qualité.

Pour l'entreprise, la vraie richesse, c'est l'homme !

Dans *L'Usine Nouvelle*, Jean-Pierre Jouyet tirait la bonne conclusion de ces évolutions : « *L'émergence de l'immatériel bouscule les habitudes. Son économie bouleverse l'ordonnancement des entreprises. Le capital humain est au cœur de la création de valeur. Il va falloir augmenter les budgets de formation et ceux liés au renouvellement des organisations du travail*[1]. » On ne saurait être plus clair : en dernier ressort, le capital immatériel, c'est définitivement le capital humain ! Pour l'entreprise du XXIe siècle, la principale richesse réside dans ses hommes et ses femmes.

© Groupe Eyrolles

_____

1. *L'Usine Nouvelle*, 21 décembre 2006.

IX

Vaincre le stress professionnel par l'efficacité économique

Le travail ne fait pas nécessairement la santé ! C'est là une cruelle désillusion. En effet, il n'y a pas si longtemps, le retrait relatif de l'industrie et des métiers physiques, le recours à la machine et à l'ordinateur comme le déclin du taylorisme laissaient espérer une amélioration radicale des conditions de travail. Sans que les risques pour la santé physique disparaissent totalement, l'explosion du stress professionnel et des risques psychosociaux est venue réduire à néant ces espérances.

Refuser le manichéisme et l'instrumentalisation

En raison des suicides de salariés qui lui sont imputés, le stress au travail fait depuis des mois la une de l'actualité. Journaux, radios et télévisions lui ont consacré des milliers d'articles, d'émissions, de reportages. Des cinéastes en ont même réalisé des films, généralement militants, tandis que de nombreux

© Groupe Eyrolles

ouvrages rédigés par des médecins, des ergonomes ou des sociologues du travail ont apporté un éclairage plus scientifique sur cette question.

Reconnaissons-le sans faux-fuyant, pour un chef d'entreprise, le traitement médiatique des suicides de salariés suscite inévitablement un certain malaise. Tout d'abord, parce que tous ces articles et reportages n'évitent pas l'écueil d'un certain voyeurisme mâtiné de dramaturgie. Pour accrocher un lecteur – et à plus forte raison un spectateur – il faut, certes, lui donner à réfléchir, mais aussi l'émouvoir. Comme le « temps de cerveau disponible » est limité, il est indispensable d'adopter une grille de lecture simple à assimiler. Autant de contraintes qui rendent vain l'espoir de voir ou d'entendre expliquées avec mesure et subtilité, les causes complexes qui peuvent pousser un homme ou une femme à mettre fin à ses jours. Dans ce cocktail explosif de sensationnalisme et de manichéisme, les patrons ont rarement le beau rôle, car s'il y a une victime, il existe toujours un coupable… Et au tribunal médiatique, le chef d'entreprise fait toujours figure de coupable idéal !

Face à cette mise en cause tacite, les patrons sont donc placés d'emblée en position d'accusés, ce qui explique qu'ils soient sur la défensive et aient parfois la tentation de nier la réalité d'un problème qu'on leur impute injustement. Je suis convaincu qu'ils doivent résister à ce piège dialectique en reconnaissant la réalité du problème tout en refusant fermement d'assumer le rôle de bouc-émissaire.

Une souffrance qui ne connaît pas la lutte des classes

Nier la réalité du stress professionnel serait, du reste, parfaitement ridicule et irresponsable, car le phénomène est massif. Depuis la publication, en 1998, du premier livre de Christophe

© Groupe Eyrolles

Dejours sur la souffrance psychique au travail[1], de nombreuses enquêtes épidémiologiques ont été réalisées, démontrant que le travail pouvait affecter la santé mentale des salariés. Parmi d'autres travaux, une récente enquête de l'Agence nationale pour l'amélioration des conditions de travail (Anact) permet de prendre la mesure du phénomène. Elle établit en effet que quelque 41 % des salariés se disent stressés et 13 % très stressés. Autre enseignement, tous les salariés sont concernés : « Même si des clivages apparaissent entre les catégories professionnelles, entre les secteurs d'activité, le genre, le statut et l'âge des salariés, le stress touche l'ensemble des catégories de salariés[2]. » Toutefois, les cadres apparaissent de loin les plus exposés. Les experts relèvent ainsi que 47 % des catégories socioprofessionnelles supérieures et 57 % des cadres supérieurs se disent stressés. A contrario, 59 % des non-cadres déclarent ne pas être stressés, une proportion qui atteint même 63 % dans les catégories socioprofessionnelles inférieures.

Il convient donc, pour les dirigeants d'entreprise de s'emparer de la question cruciale du stress au travail avec d'autant moins de réticence et de culpabilité qu'ils sont au nombre des principales victimes de cette pathologie. Comme le montre l'enquête de l'Anact, le stress professionnel n'obéit pas aux classifications marxistes. Il se moque éperdument de la lutte des classes et ne fait pas de distinction entre dirigeants et employés. Il frappe à tous les niveaux de la hiérarchie de l'entreprise, avec même une prédilection pour l'encadrement et les dirigeants.

Les patrons en première ligne face au stress

La souffrance spécifique des patrons n'est d'ailleurs pas une nouveauté puisqu'elle avait été mise en évidence dès le XIXe siècle par un certain… Jean Jaurès ! Dans un texte quelque

© Groupe Eyrolles

1. *Souffrance en France*, Christophe Dejours, Le Seuil, 2000.
2. « Le stress au travail », sondage Réseau Anact / CSA, 2009, consultable sur le site de l'Anact (www.anact.fr).

peu oublié parce que non conforme à la vulgate révolutionnaire, cette figure historique du socialisme français reconnais-
sait que le quotidien des patrons rime souvent avec pression,
inquiétude et stress : « *Le patronat, écrivait-il, a ses misères qui
ne sont pas celles de l'ouvrier, qui sont moins apparentes, mais qui
souvent sont poignantes aussi. [...] Il y a des échéances qui pres-
sent, il y a une baisse soudaine dans la valeur des produits et le
crédit peut se dérober. Dans la moyenne entreprise, il y a beaucoup
de patrons qui sont eux-mêmes leur caissier, leur comptable, leur
dessinateur, leur contremaître, et ils ont, avec la fatigue du corps, le
souci de l'esprit que les ouvriers n'ont que par intervalles*[1]. »

Plus d'un siècle plus tard, Olivier Torrès, que j'ai rencontré lors
d'un débat télévisé sur le même sujet, arrive rigoureusement
aux mêmes conclusions. Enseignant-chercheur en gestion
et management et créateur d'un Observatoire de la santé
des dirigeants de PME, il s'insurge contre un certain refus
d'admettre que le stress frappe aussi les patrons. Comme il
l'expliquait au quotidien *Libération* : « *les médecins et sociologues
spécialisés dans la souffrance au travail partent de l'idée qu'elle
vient d'un rapport de domination : le patron étant le dominant,
il ne peut souffrir.* » Or, la réalité est tout autre. « *Les facteurs
de stress qu'on applique habituellement aux salariés peuvent très
bien s'appliquer aux patrons de PME : surcharge de travail, stress,
incertitude sur l'avenir, sentiment d'isolement*[2] », poursuit-il.
Ainsi, les patrons sont également stressés et, parfois, jusqu'à
se rendre malade.

Une enquête réalisée par TNS-Sofres pour le Conseil supérieur
de l'Ordre des experts-comptables a établi que 63 % des
dirigeants de PME et TPE éprouvent du stress et 68 % de
la fatigue professionnelle[3]. Quelque 42 % disent ressentir de

1. *La Dépêche de Toulouse*, 28 mai 1890 (cité in *Altersécurités Infos*,
n° 19, avril 2007).
2. *Libération*, 25 mai 2009.
3. « *Le stress des entrepreneurs* », étude réalisée par TNS-Sofres pour le
Conseil supérieur de l'Ordre des experts-comptables avril 2010.

© Groupe Eyrolles

l'angoisse, 48 % font de l'insomnie dont 19 % fréquemment. Selon la même enquête, les patrons travaillent en moyenne 53 heures par semaine et 36 % d'entre eux 60 heures et plus. Parmi les facteurs de stress, les dirigeants de PME citent l'évolution du carnet de commande (69 %), la gestion du personnel (67 %), les craintes d'impayés (49 %), la charge de travail (48 %), les craintes pour leur sécurité ou celle de leur établissement (35 %) et la recherche de financement (29 %). Contrairement à ce que l'on croit, les patrons sont donc particulièrement exposés au stress professionnel. Raison de plus pour qu'ils regardent en face le phénomène et tentent d'en démêler les causes !

Démêler les causes professionnelles, mais aussi personnelles et sociétales

Pour expliquer l'explosion des risques psychosociaux, il faut se garder d'invoquer des causes uniques. S'il est bien entendu ridicule, comme en ont encore parfois la tentation certains milieux patronaux, de n'y voir que la conséquence de fragilités individuelles, il n'est pas moins absurde d'expliquer les suicides ou les dépressions de salariés par le cynisme de patrons faisant primer la compétitivité économique sur le bien-être et la santé de leurs salariés.

En réalité, le mal-être au travail naît à la confluence de multiples évolutions économiques, mutations sociales et aspirations individuelles qui, depuis une vingtaine d'années, transforment profondément nos sociétés. Tantôt ces tendances se renforcent les unes les autres, tantôt elles entrent en contradiction. Il en résulte une multitude de paradoxes et de frictions avec lesquelles chacun (salariés, dirigeants d'entreprises et la société tout entière) est contraint de composer au quotidien.

© Groupe Eyrolles

Un révélateur des contradictions de notre société

Il est frappant de constater combien la crise des liens unissant les salariés à leur entreprise est comparable à celle qui frappe cette autre institution centrale dans la vie des hommes et des femmes qu'est la famille. Dans un cas comme dans l'autre, chacun déplore que les liens ne soient plus aussi pérennes que jadis. Les salariés évoquent avec nostalgie l'époque où l'on pouvait accomplir toute sa carrière dans un même groupe. Les dirigeants, de leur côté, regrettent le déclin de l'engagement des salariés. Les premiers redoutent d'être rejetés, les seconds de voir leurs meilleurs éléments partir pour rejoindre une autre entreprise. Ensemble nous déplorons que l'instabilité soit devenue notre lot, tant dans la vie professionnelle que dans la vie familiale ou sentimentale. Cependant, en réalité, aucun d'entre nous ne souhaite sincèrement revenir à l'époque où les liens professionnels et conjugaux étaient indissolubles. Nous regrettons la sécurité d'antan, mais pas au point d'y sacrifier notre liberté récemment acquise.

Nous sommes donc, collectivement, traversés par des désirs discordants, sources de paradoxes qui dépassent largement le seul cadre du travail. Mais, le parallèle ne s'arrête pas là. Ainsi, comme le remarquent tous les sociologues, le nombre de divorces est corrélé aux nouvelles attentes que nous avons à l'égard de la famille. Respectivement psychanalyste et philosophe, Marie-Dominique et Théo Linder résument ainsi cette nouvelle donne : « *Au nom de l'amour, on se marie. Au nom de l'amour, parce qu'il disparaît ou s'étiole, on divorce. [...] Personne ne se plaindra que les mariages arrangés n'aient plus leur place dans la cité. Peut-on raisonnablement regretter qu'on se choisisse aujourd'hui par affinité et non plus en fonction d'un patrimoine ou d'une dot ? Le mariage d'amour est un acquis sur lequel il n'est pas question de revenir. Il faut toutefois reconnaître qu'il n'est pas sans*

© Groupe Eyrolles

conséquence sur la longévité conjugale[1] *!* » Autrement dit, l'idée de famille n'est pas morte, mais elle s'est modifiée, rendant ainsi les liens familiaux à la fois plus intenses, plus fragiles et surtout plus complexes.

« *Alors qu'à une époque, la famille avait pour but de combler les besoins économiques*, soulignent Linda Albert et Elisabeth Einstein, *aujourd'hui, elle comble également les besoins émotionnels*[2]. » Il en est de même pour l'entreprise. Dans une note d'analyse, Michel de Laforce, président de la Fieci-CGC-CFC, la principale organisation syndicale représentative dans la branche des bureaux d'études techniques et des sociétés de conseil, décrivait avec finesse cette nouvelle donne et son impact en terme de mal-être professionnel : « *Les cadres ne voient pas seulement dans leur emploi un moyen de subvenir à leurs besoins. Ils en attendent beaucoup plus ! Ils souhaitent aussi qu'il soit valorisant, intéressant et qu'il contribue à leur épanouissement. Lorsque leur emploi ne répond plus à leurs attentes, ou lorsqu'ils ont le sentiment de ne plus être à la hauteur, c'est donc un pan essentiel de leur vie qui s'effondre*[3]. »

Une société en quête de nouveaux équilibres

Ces profondes évolutions ne sont pas sans conséquences. Elles se conjuguent pour créer un sentiment de vulnérabilité qui contribue grandement à l'état d'anxiété que ressentent nos contemporains : « *L'isolement et la solitude sont de plus en plus fréquents du fait que l'appartenance professionnelle est devenue fragile, la famille d'origine souvent dispersée, les cercles amicaux*

1. *Familles recomposées*, Marie-Dominique et Théo Linder, Hachette, 2005.
2. *La Famille recomposée aujourd'hui*, Linda Albert et Elisabeth Einstein, Éditions de la Lagune, 2008.
3. « Suicides au travail : la performance à mort ? », Michel de Laforce, Fieci-CFE-CGC, juin 2009.

© Groupe Eyrolles

et les relations amoureuses peu fiables[1] », diagnostiquent Marie-Dominique et Théo Linder.

Pour autant, personne ne souhaite interdire le divorce ni, sur le plan professionnel, rétablir les corporations de métiers ou les firmes paternalistes qui prenaient en charge les salariés du berceau jusqu'à leur décès.

Nous vivons donc une époque de transition : les anciennes certitudes se sont évanouies, ainsi que les cadres protecteurs qui nous soutenaient. Pour surmonter le vertige et le malaise qui parfois nous assaillent, il nous faut donc inventer de nouveaux modèles, trouver de nouveaux équilibres, atteindre une nouvelle harmonie. C'est là une tâche collective qui concerne la société entière et qui devrait mobiliser toutes ses élites, à commencer par les intellectuels et les politiques, car l'enjeu n'est autre que la définition d'un nouveau modèle de société. Toutefois, l'entreprise doit aussi prendre ses responsabilités. Celle-ci étant l'une des institutions centrales de nos sociétés, elle ne peut faire l'économie d'une réflexion sur son rôle et sur les moyens dont elle dispose pour contribuer à résoudre le mal-être et l'angoisse qui s'emparent des hommes et des femmes de notre époque.

À cette fin, il convient de reconnaître que l'entreprise est confrontée à des contraintes d'une ampleur inédite. La mondialisation et la financiarisation de l'économie ont bien entendu renforcé la quête de compétitivité qui a toujours été celle des entreprises. Comme l'écrit le sociologue Michel Lallement, « *les entreprises d'aujourd'hui n'ont plus rien de commun avec leurs aînées. Elles sont plus ouvertes à la concurrence internationale, sommées de répondre aux exigences de la clientèle, bien plus dépendantes des marchés financiers qu'hier, etc.[2]* » Coauteur d'un récent ouvrage sur le stress professionnel, Hubert Landier fait

---

1. *Familles recomposées, op. cit.*
2. *Le Travail : une sociologie contemporaine*, Michel Lallement, Gallimard, 2007.

© Groupe Eyrolles

le même diagnostic : « *Au xxie siècle, les entreprises font la course aux performances : réduction des coûts, productivité, rentabilité… Toujours plus, de plus en plus vite.* » Il souligne combien cette injonction s'est répercutée sur l'ensemble des hommes et des femmes de l'entreprise : « *Les organisations doivent survivre ou mourir. Les salariés sont condamnés à réussir leur vie professionnelle, il en est de la survie de leur employeur. Certains, par conséquent, sont prêts à toutes les performances pour ne pas perdre ce qui fait qu'ils peuvent réussir leur vie, c'est-à-dire leur travail. Et ce quitte à sacrifier leurs loisirs, leur famille, voire leur intégrité psychique*[1]. »

Lutter contre le stress des salariés est bon pour la santé… des entreprises

Est-ce à dire que, dans ce contexte, l'explosion du stress serait une fatalité ? Pour ma part, je n'en crois rien ! En effet, si l'on sort des grilles d'analyse éculées, les exigences des entreprises et les aspirations des salariés sont parfaitement conciliables et peuvent même être convergentes puisque, dans une large mesure, les salariés victimes de stress ne demandent pas tant à travailler moins qu'à œuvrer différemment et, en fait, plus efficacement.

Cette vision des choses commence à être largement admise. L'accord paritaire sur la lutte contre le stress au travail auquel sont parvenus les syndicats de salariés et les organisations patronales, en novembre 2008, en apporte la démonstration. Il stipule en effet qu'« *un état de stress survient lorsqu'il y a déséquilibre entre la perception qu'une personne a des contraintes que lui impose son environnement et la perception qu'elle a de ses propres ressources pour y faire face. L'individu est capable de gérer la pression à court terme, mais il éprouve de grandes difficultés face*

---

1. *Évitez le stress de vos salariés*, Hubert Landier, Bernard Merck, Pierre-Eric Sutter, Stéphanie Baggio et Églantine Loyer, Éditions d'Organisation, 2009.

© Groupe Eyrolles

à une exposition prolongée ou répétée à des pressions intenses ».
On ne saurait être plus clair : pour les entreprises, une explosion de stress est un voyant rouge qui s'allume pour signaler que les employés ne sont plus en mesure d'accomplir correctement leur mission.

À rebours de ce que pensent encore certains, lutter contre le stress est tout sauf anti-économique, car les risques psychosociaux ont un coût exorbitant pour les entreprises. Tout d'abord parce que les salariés stressés sont moins efficaces. Le Livre blanc sur le stress au travail réalisé par SRM Consulting en septembre 2008, en donne une évaluation frappante : *« que les salariés travaillent à 80 % seulement de leur potentiel, cela représente environ l'équivalent de 40 journées dans l'année payées à ne rien faire. Que la masse salariale représente 50 % du chiffre d'affaires, cela représente une perte de 10 points de rentabilité[1]. »* Et le coût pour la collectivité – et donc pour la compétitivité française – n'est pas moindre. En présentant aux partenaires sociaux le « Plan santé au travail » pour la période 2010-2014, le ministre du Travail Brice Hortefeux, estimait que *« le coût social du stress et des violences au travail, qu'il s'agisse d'antidépresseurs ou de journées d'arrêt-maladie, est évalué entre 800 millions et 1,2 milliard d'euros[2] ».* On comprend dès lors que les pouvoirs publics aient décidé de faire de la lutte contre le stress l'une des trois priorités de ce Plan.

Reste alors, pour les chefs d'entreprises, à évaluer l'étendue du problème, ainsi que les mesures adéquates pour y remédier ! La prise de conscience est, à l'évidence, bien avancée. Selon une enquête réalisée par le cabinet Pouey International auprès de 680 dirigeants, 81,9 % des chefs de PME ou PMI françaises considèrent que leur entreprise est concernée par le stress. En revanche, ils semblent encore bien dépourvus pour y faire face. Selon le même sondage, seuls 21,7 % d'entre eux

1. *Livre blanc sur le stress au travail,* SRM Consulting, 2008.
2. Déclaration de M. Brice Hortefeux, ministre du travail, sur l'élaboration d'un Plan santé au travail pour 2010-2014, Paris, le 30 avril 2009.

© Groupe Eyrolles

affirment avoir mis en place une politique particulière pour y remédier.

Mais encore faut-il prendre des mesures appropriées ! Car, comme le relevait un article du Nouvel Observateur, deux approches sont encore en concurrence : « *D'une part, les solutions "psy" vendues à prix d'or aux entreprises par des cabinets privés – par exemple, des "cellules d'écoute psychologique", notamment par téléphone. D'autre part, des approches plus collectives et préventives qui font appel à une réorganisation du travail et du management*[1]. »

Performance économique et performance sociale vont de pair

S'il ne faut pas négliger le secours que peuvent apporter les « solutions psy », notamment pour faire face dans l'urgence à une situation de crise aiguë ou pour soutenir tel ou tel salarié fragilisé, il est évident que celles-ci ne peuvent produire des effets dans la durée. En effet, elles consistent à traiter les symptômes du mal et non ses causes. Pour éradiquer le stress durablement, le seul véritable remède consiste à découvrir quels sont les dysfonctionnements qui affectent la bonne marche de l'entreprise et la santé psychologique des salariés. Ces derniers ne s'y trompent pas, comme le rapporte encore Hubert Landier : « *lors d'audits de performance sociale, les salariés témoignent de plus en plus souvent d'une désorganisation peu compatible avec les objectifs d'optimisation et de fluidité affichés par les promoteurs de ces organisations : ordres contradictoires, procédures routinières vidées de leur sens initial, managers non légitimes, tension dans l'entreprise, etc.*[2] »

L'explosion actuelle de stress représente donc bien le symptôme autour duquel viennent se cristalliser non seulement les

© Groupe Eyrolles

1. « *Stress au travail : le «psy» ne suffit pas !* », *Le Nouvel Observateur,* 11 juin 2009.
2. *Évitez le stress de vos salariés, op. cit.*

contradictions de nos sociétés, mais aussi les tensions géné-
rées par la transformation des entreprises sous la pression
de la mondialisation. Celle-ci représente un défi, mais aussi
une opportunité, celle de revoir la façon dont les entreprises
se conçoivent et s'organisent dans un contexte économique
difficile. Le stress et ses conséquences délétères viennent en
effet souligner que performance économique et sociale vont
de pair. Il invite donc à redéfinir nos façons de penser et de
fonctionner afin de donner naissance à une entreprise réconciliée, plus harmonieuse car plus compétitive.

© Groupe Eyrolles

X

Préférer les hommes aux outils managériaux

Pour rendre l'entreprise à la fois plus humaine et plus performante, encore faut-il avoir le courage de se libérer du fétichisme dont sont encore l'objet les outils managériaux qui prolifèrent dans le monde de l'entreprise, souvent au mépris du bon sens. Il semble en effet qu'un véritable culte soit rendu à ces solutions sous l'influence d'un clergé constitué de consultants aux compétences plus ou moins autoproclamées.

Ne soyons toutefois pas trop durs avec ceux qui prennent encore leurs PowerPoint pour paroles d'évangiles ! Car le métier de chef d'entreprise n'est pas simple, ni même celui de manager d'équipe. On exige d'eux des prises de décisions dans un environnement incertain, et aussi la capacité à évaluer avec objectivité le mérite de leurs équipes et de leurs collaborateurs dans des structures de plus en plus vastes ou éclatées entre diverses entités. Ces lourdes responsabilités expliquent la séduction que peuvent exercer les outils préformatés proposés par les consultants qui, jour après jour, font le siège des entreprises, armés de certitudes rassurantes et de discours convenus ou faussement révolutionnaire. Lorsque l'on « navigue en plein brouillard », rien de plus tentant et de plus naturel que de s'emparer du premier instrument promettant de donner un début de visibilité, d'autant plus que

© Groupe Eyrolles

rester en marge des modes managériales n'est pas toujours bien perçu. Hervé Laroche, professeur à l'ESCP-EAP explique ainsi que « *le manager plus sceptique, mais prudent, jugera que refuser d'adopter les pratiques que tout le monde considère comme la marque d'un management moderne l'exposerait à des critiques contre lesquelles il lui sera bien difficile de se défendre[1]* ».

Évaluation de la performance : une dangereuse illusion

Parmi les outils ainsi proposés aux dirigeants, ceux destinés à l'évaluation des performances ne sont pas les moins toxiques. Plusieurs facteurs contribuent à leur succès. Le premier est la véritable obsession de la performance qui s'est emparée de la société entière. Comme le remarque l'essayiste Benoît Saint Girons, la règle du « *toujours plus* », ne se limite nullement au monde du travail : « *"Plus vite, plus haut, plus fort !", entendons-nous lors des Jeux olympiques. "Plus belle, plus mince, plus émancipée !", clament les magazines féminins. "Plus musclé, plus viril, plus macho !", renchérissent les magazines masculins. "Plus ambitieux, plus intelligents, plus riches !", promettent les ouvrages de développement personnel...* » constate-t-il[2]. Bien entendu, dans l'univers ultra-concurrentiel qui est le leur, les entreprises n'échappent pas à cette propension. Ainsi, elles sont tentées non seulement d'exiger davantage de leurs salariés, mais de les évaluer en permanence...

C'est ici qu'intervient le second facteur expliquant le succès du management par la performance : la crainte de l'arbitraire. Car le manager est sommé d'évaluer, mais en toute objectivité. Or, jauger les hommes demeure tout sauf aisé, surtout à mesure que les activités et les paramètres à analyser deviennent

---

1. Hervé Laroche, professeur à l'ESCP-EAP, préface à l'édition française de *Faits et foutaises dans le management*, Vuibert, 2007.
2. *L'Obsession de la performance. Pièges et illusion*, Benoît Saint Girons, Éditions Jouvence, septembre 2009.

© Groupe Eyrolles

complexes ! Ainsi éclot la peur permanente de ne pas être suffisamment juste ou objectif. Auparavant, le problème venait du patron partial, celui qui « avait ses têtes », qui se laissait guider par ses affinités au fil de la hiérarchie, tandis qu'aujourd'hui les dirigeants ont le « trouillomètre » à zéro quand il s'agit de juger leurs collaborateurs. Résultat : pour se prémunir de toute accusation de favoritisme ou de « délit de sale gueule », les managers préfèrent s'abriter derrière des outils prétendument objectifs… Ainsi sont nées les grilles d'évaluation et autres indicateurs de performance pour lutter contre le spectre qui hante le management contemporain : celui du « petit chef ». C'est par crainte de son emprise que s'est instaurée dans l'entreprise une autre servitude, d'autant plus pernicieuse qu'elle se pare des atours de la scientificité : celle des indicateurs de performance.

Toutefois, il faut encore y ajouter un troisième facteur : le manque de courage. Pour les managers, il est en effet plus confortable d'annoncer des sanctions à un subordonné en se référant à une grille préformatée transmise par les échelons supérieurs, plutôt qu'en défendant son propre jugement. Plus confortable certes, mais périlleux à moyen et à long terme ! Quelle peut bien être la valeur ajoutée d'un chef dont les décisions résultent de cases cochées sur une fiche ou un bilan ? Et sa légitimité ? Ce cadre-là ressemble furieusement aux premières machines à calculer fonctionnant avec des cartes perforées ! L'image n'est pas innocente ; elle démontre bien qu'en favorisant une version arithmétique de l'objectivité, ces processus anéantissent le caractère humain de l'entreprise et du management. Enfin, les échelons supérieurs n'ont rien à y gagner non plus, puisque, faute d'assumer leurs décisions, les cadres intermédiaires se défaussent sur eux. Mais, comment leur en vouloir, puisqu'eux-mêmes ne croient souvent pas à ces outils. Comme le notent Patrick Bouvard et Jérôme Heuzé, le management par la performance aboutit fréquemment à un dialogue de sourds. En effet, les *« "managés de la performance"* *ne comprennent plus grand-chose au rapport entre leurs objectifs* *et le sens de l'entreprise, mais se sentent dans l'incapacité à exiger*

© Groupe Eyrolles

la moindre cohérence, sans que cette exigence ne soit interprétée : au mieux comme une défaillance, au pire comme une trahison[1]. » En définitive, c'est donc le non-sens qui triomphe, se terminant parfois en farce, évaluateur et évalué se demandant avec une saine complicité comment ils vont bien pouvoir remplir les cases pour donner le change…

Quand la performance mesurée prend le pas sur la performance

S'en remettre aveuglément aux indicateurs de performance n'est pas seulement inefficace, mais plutôt véritablement toxique tant cela génère une multitude d'effets pervers potentiels. Ainsi, les employés évalués aux regards de ces indicateurs apprennent très vite que leur intérêt n'est plus tant de poursuivre les objectifs de l'entreprise, – comme par exemple de satisfaire le client – mais davantage de se conformer aux indicateurs. Ils finissent ainsi par adopter des stratégies et des comportements destructeurs pour l'organisation. Car, il ne faut pas être naïf, tous les indicateurs se contournent parce qu'ils sont, par nature, incapables d'intégrer toutes les subtilités d'une activité et qu'ils ignorent la longue durée. Ils ne constituent que des instantanés qui photographient une performance à court terme. Or, certaines actions peuvent être fructueuses immédiatement, mais se révéler contre-productives durant les mois et les années suivantes.

Par exemple, un responsable va augmenter vertigineusement son chiffre d'affaires en persuadant des clients fidèles d'acheter des produits ou des services dont ils n'ont pas un réel besoin : les indicateurs salueront sa performance. À l'issue de son entretien annuel, il sera salué, célébré, peut-être même montré en exemple et promu. Mais, ce n'est qu'ensuite que

---

1. *Insupportables pratiques : Guide d'action pour lutter contre les abus de pouvoir, les manipulations…*, Patrick Bouvard et Jérôme Heuzé, Eyrolles, 2007.

© Groupe Eyrolles

l'on constatera la dramatique dégradation de la relation de confiance qui avait été autrefois patiemment bâtie avec la clientèle. On m'a ainsi rapporté le cas d'une agence bancaire dont les conseillers clientèles étaient évalués au regard du nombre de nouveaux comptes ouverts chaque mois. Le résultat est simple : des clients pourtant connus pour se retrouver de façon chronique à découvert en fin de mois ont été convaincus d'ouvrir des comptes épargne sur lesquels aucun centime ne sera jamais placé ! Est-ce bien cela être performant ? Ici, les conséquences délétères se feront aussi sentir en interne, provoquant le découragement, l'écœurement, puis le départ des personnes refusant de se livrer à de telles pratiques.

Le recours inconsidéré aux indicateurs peut en effet avoir des conséquences dramatiques sur la motivation, la cohésion et l'efficacité des équipes. Dans un récent ouvrage, Maya Beauvallet, maître de conférence à Telecom ParisTech a recensé les effets paradoxaux des dispositifs d'incitation et de sanction mis en place dans un nombre croissant d'organisations[1]. Ceux qui aboutissent à une dégradation de la coopération entre collègues et équipiers sont les plus frappants. Par exemple, un club de football sanctionne ses joueurs au motif qu'ils rendent trop souvent la balle à l'adversaire ; résultat : chaque joueur devient très individuel et ne la passe plus à personne... Autre exemple : un patron décide d'organiser une compétition permanente entre ses salariés ; conséquence : certains d'entre eux commencent à saboter le travail de leurs collègues ; ou encore le cas d'une clinique qui fixe un quota maximal de « pertes » à ses chirurgiens ; ainsi, lorsqu'ils approchent du nombre fatidique, ils refusent d'opérer !

© Groupe Eyrolles

---

1. *Les Stratégies absurdes : Comment faire pire en croyant faire mieux*, Maya Beauvallet, Le Seuil, 2009.

Quand les indicateurs de performance tuent la performance

La propension contemporaine à vouloir tout contrôler, noter, évaluer aboutit donc à des stratégies absurdes et contre-productives. Pourquoi ? Parce que les indicateurs de toutes natures se révèlent, *in fine*, incapables de saisir l'humain dans toute sa complexité. « *Les hommes*, écrit Maya Beauvallet, *sont des êtres compliqués et peu prévisibles. Leurs désirs sont infiniment divers, leurs préférences variables, leurs humeurs inconstantes.* » Dès lors, « *on ne gagne jamais à réduire les autres à un comportement binaire. La carotte et le bâton suffisent peut-être pour faire avancer un âne récalcitrant (et encore…), mais les hommes, eux, s'arrangent souvent pour attraper la carotte et éviter le bâton tout en vous faisant croire le contraire[1].* »

Un bon exemple en est donné par la façon dont les cadres s'accommodent des fameuses *timesheet* sur lesquelles ils sont tenus de rendre compte – parfois heure par heure ! – du temps passé sur tel ou tel aspect d'une mission ou d'un projet. Cette version high-tech de la feuille de présence est censée permettre un suivi optimal du fonctionnement de l'entreprise. En réalité, cela n'a aucune valeur, car pour s'acquitter de ce qu'ils appellent entre eux la *time shit,* chacun bidouille, basculant le temps excédentaire passé sur une mission à une autre ayant été bouclée plus rapidement. Au total, les données ainsi récoltées n'auront plus aucun rapport avec l'emploi du temps réel des cadres. Tout au plus mesurent-elles l'agilité des salariés à travestir la réalité pour se conformer à des normes préétablies. Fastidieuse, cette tâche possède plusieurs inconvénients. Non seulement elle distrait les cadres de leur activité principale (que de temps passé à rendre compte à ses supérieurs plutôt qu'à satisfaire le client !), mais en réalité – et là est le plus grave – elle détourne les cadres des tâches non prévues par la *timesheet,* pourtant indispensables au bon

---

1. *Les Stratégies absurdes, op. cit.*

© Groupe Eyrolles

fonctionnement de l'entreprise. Dans un ouvrage de témoignage consacré aux désillusions des jeunes cadres de leur génération, Alexandre des Isnards et Thomas Zuber en donnent une illustration saisissante : « *Dans l'open space, racontent-ils, on appelle Mathieu la "boîte à idées". Mais la boîte à idées, pour se nourrir, surfe souvent sur des sites qui n'ont rien à voir avec son travail. Il doit alors mettre "inoccupé" sur la timesheet, car cela ne correspond à aucune tâche mesurable. Or, pour trouver une bonne idée, il faut parfois sortir la tête du guidon, s'ouvrir l'esprit, ne rien faire de précis – bref, avoir un peu de liberté. Celle de Mathieu est fractionnée en huitième de journée. Et ses idées s'appauvrissent[1].* »

De la sorte, ils mettent en lumière un problème plus profond : celui du décalage entre ces formes de management et les nouvelles qualités exigées par l'économie actuelle. En effet, dans une économie de la connaissance et des services, la performance des entreprises repose de plus en plus sur des qualités plus subtiles : la créativité, l'inventivité, l'empathie, l'amabilité, la cordialité… Autant de vertus et aptitudes difficilement quantifiables, mais jamais réductibles aux fameux tests de personnalités (tel le MBTI) en vogue dans les entreprises ! Et si cette quête obsédante du contrôle, de la quantification et de la classification rigide était un ultime résidu du taylorisme d'antan ? Et si cela révélait notre incapacité à vraiment comprendre que même les organisations essentiellement orientées vers la production ne peuvent plus fonctionner comme les usines de jadis ?

Professeur de philosophie à l'université de New York, Avital Ronell a consacré un ouvrage entier à cette passion contemporaine de l'évaluation et de la mise à l'épreuve[2]. Elle estime que nous sommes entrés dans des « *sociétés du test permanent* ». Dans un récent entretien accordé au magazine Marianne, elle

---

1. *L'Open Space m'a tuer*, Alexandre des Isnards et Thomas Zuber, Hachette Littératures, 2008.
2. *Test drive. La passion de l'épreuve*, Avita Ronell, Stock, 2009.

© Groupe Eyrolles

précisait les dégâts que cela provoque en entreprise : « *Le problème, dit-elle, c'est que cette volonté d'évaluation et de vérification trahit du même coup une conception comptable de l'activité professionnelle [...]. On s'imagine qu'un contrôle quantitatif pourrait être une façon juste et appropriée de vérifier la compétence et l'ardeur au travail des salariés.* » Et de lancer cette mise en garde que doivent méditer les dirigeants d'entreprise potentiellement tentés pas ce désir de mise à l'épreuve permanente : « *Il demeure une part de la réalité qui est inexaminable. Comment évaluer l'inspiration ou le talent par exemple ? Ou même la profondeur d'esprit ?* »

Se défier du prêt-à-porter managérial et s'accommoder d'une part d'incertitude

Faut-il renoncer à tout indicateur chiffré et à toute forme d'évaluation ? Certes non ! Dans la plupart des entreprises, pour une simple question de taille, il est tout simplement impossible d'y renoncer. D'ailleurs, il est légitime pour un chef d'entreprise de souhaiter disposer de tableaux de bord lui permettant d'évaluer le bon fonctionnement ou non de tel ou tel service. En revanche, ma conviction est qu'il est urgent de reprendre le contrôle de ces outils et d'en relativiser l'efficacité.

Cela implique tout d'abord de se défier des indicateurs formatés qui ne prennent pas en compte la stratégie de l'entreprise. Des grilles d'analyse bâties en interne, en concertation avec les différents chefs de services et même avec les représentants des salariés seront toujours préférables. Conciliant vécu quotidien et vision stratégique, elles seront davantage à même de refléter les véritables enjeux. En d'autres termes, il s'agit de préférer la haute couture au prêt-à-porter.

Une fois les indicateurs établis, il est aussi nécessaire de prendre du recul afin de relativiser les résultats qu'ils délivrent sur la valeur des hommes. À cette fin, le premier réflexe doit

© Groupe Eyrolles

être de croire que tout résultat découle d'une action humaine. Comme le rappellent Jeffrey Pfeffer et Robert Sutton, professeurs à Stanford, c'est là une erreur de raisonnement partiellement due au fonctionnement de la perception humaine : nous voyons et évaluons prioritairement les décisions prises par les individus alors que nous minimisons le rôle joué par le contexte dans lequel elles interviennent. Or, ce dernier est bien souvent déterminant. C'est là une vérité que m'a apprise la pratique de la voile. Ainsi, dans les courses autour du monde, le classement à l'arrivée n'est pas seulement déterminé par la qualité des navires ou par celle des hommes. Ces paramètres sont essentiels, mais ne sont pas les seuls : un mauvais bateau ou un équipage médiocre ne franchiront jamais la ligne d'arrivée en vainqueurs. Toutefois, le résultat est aussi concrétisé par des facteurs sur lesquels aucun participant n'a de prise comme, par exemple, les conditions météorologiques. Bien connue des skippers, cette évidence est hélas parfois oubliée par les dirigeants d'entreprise.

Accomplir son travail de capitaine et garder le contact avec son équipage

Ne pas se focaliser exclusivement sur les seules capacités des hommes permettra notamment aux dirigeants de consacrer plus de temps à ce qui devrait être leur principale préoccupation : l'amélioration de l'organisation. Un impératif que les deux professeurs de Stanford rappelle avec leur légendaire franc-parler : « *Certes, il existe des individus incapables ou qui refusent de remplir la mission qui leur est confiée. [...]. Mais la loi des nazes est une demi-vérité dangereuse et nous lui préférons la loi des systèmes foireux. Pourquoi ? Parce que les systèmes inefficaces sont beaucoup plus destructeurs que les individus incompétents et qu'ils peuvent transformer un génie en idiot. Alors, essayez de concevoir autrement vos systèmes et vos postes avant de décréter*

© Groupe Eyrolles

que tel ou tel employé est un bon à rien[1]. » En d'autres termes, les indicateurs peuvent se révéler très utiles à condition d'y recourir pour mesurer l'efficacité des processus plutôt que celle des hommes.

Toutefois, il ne faut pas s'y méprendre : cela ne signifie nullement que les dirigeants doivent s'enfermer dans une tour d'ivoire et se préoccuper uniquement de stratégie, laissant à d'autres le soin de gérer le terrain. Bien au contraire ! Pour prendre les bonnes décisions, le patron doit, au contraire, être en phase avec la réalité et ne pas se fier aux seuls indicateurs, qu'ils soient économiques, financiers ou managériaux. Il doit garder le contact tant avec ses clients qu'avec ses partenaires et ses collaborateurs, si modestes soient-ils.

À côté des froids indicateurs, il est indispensable de retrouver le sens du contact humain qui permettra de corriger les imperfections et les limites des chiffres. Lorsque l'entretien d'évaluation devient un moment où l'on s'arrête pour échanger et dialoguer, pour prendre du recul et penser le travail au regard de la vocation profonde de l'entreprise, alors il atteint une nouvelle dimension. Il permet réellement à l'organisation et à ses membres d'avancer et de progresser de concert en expérimentant une plus grande cohérence et une nouvelle harmonie. D'ailleurs, les salariés ne s'y trompent pas. Lorsqu'ils sont porteurs de sens, les entretiens d'évaluation ne sont plus source d'angoisse et rencontrent toujours un réel succès.

Il existe donc un antidote aux effets pervers des différents indicateurs : la restauration, au sein des organisations, de contacts humains francs, directs et féconds, noués sur le terrain. La leçon n'est certes pas neuve. Antoine Riboud l'avait déjà affirmé, en 1972 à Marseille, lors d'un discours mémorable prononcé devant les 2 000 participants des Assises de l'entreprise organisées par le CNPF. S'alarmant – déjà !

---

1. *Faits et foutaises dans le management*, Jeffrey Pfeffer et Robert Sutton, Éditions Vuibert, 2007.

© Groupe Eyrolles

– d'une certaine déshumanisation de l'entreprise, ce grand patron déclarait : « *Il faut d'abord arriver à connaître atelier par atelier ce qui ne va pas et obtenir que chaque groupe participe à cet inventaire. Que de choses simples mais totalement inconnues seront découvertes.* » Fustigeant « *la hiérarchie qui contrôle sans aider ou qui s'enferme dans son pouvoir et dans son bureau* », il concluait par cette remarque aujourd'hui fondamentale : « *Créer un terrain favorable à l'apprentissage de valeurs telles que la responsabilité, la solidarité, la personnalisation, disait-il, est un problème, malheureusement qui ne se traite ni par les mathématiques, ni par l'ordinateur.*[1] » Une mise en garde pour le moins prémonitoire, tant la révolution des technologies de l'information représente, aujourd'hui, le second grand défi que doivent relever les entreprises pour sauvegarder la qualité des relations humaines en leur sein.

© Groupe Eyrolles

---

1. *Antoine Riboud, un patron dans la cité*, textes et paroles présentés par Pierre Labasse, Le Cherche Midi, 2007.

XI

Remettre les outils technologiques au service de l'homme

« *Il faut passer à "l'entreprise 2.0 !"* » Cette injonction, tout dirigeant l'a forcément lue ou entendue. J'avoue qu'elle me laisse quelque peu dubitatif tant elle illustre, à mon sens, une confusion de plus en plus répandue entre la fin et les moyens. En effet, quand il s'agit de nouvelles technologies, il semble que nombre d'entreprises et d'individus perdent tout bon sens. La fascination qu'exercent les technologies numériques est telle qu'il arrive même parfois que l'énergie, le temps et l'argent consacrés à leur acquisition soient parfaitement démesurés par rapport aux bénéfices que les entreprises peuvent en attendre. Pis encore ! Certains se ruent même sur des outils dont ils n'ont nul besoin et qui, loin de démultiplier leur force, vont donc les encombrer. Dans ce cas, la technique devient une fin et l'homme s'en retrouve esclave…

Se défier du fétichisme technologique

Je ne prétends pas nier l'avantage compétitif que peut représenter, pour les entreprises, la maîtrise de certaines technologies numériques. Dans un environnement affecté par des mutations

© Groupe Eyrolles

fulgurantes qu'elles ont contribuées à générer, elles peuvent offrir aux entreprises le surcroît d'agilité et de flexibilité nécessaire à leur développement, car il leur faut en effet s'adapter aux fluctuations du marché et de la conjoncture, aux évolutions juridiques et aux ruptures technologiques, sans oublier les nouvelles exigences des consommateurs et de la société.

Bien maîtrisées, ces technologies peuvent aussi offrir une plus grande créativité en favorisant le développement d'une intelligence collective qui dépasse d'ailleurs les anciennes frontières de l'entreprise. Internet promettait d'être une fenêtre ouverte sur le monde. Cet engagement a été tenu : l'entreprise est plus ouverte que jamais et noue de multiples relations pour produire de la valeur. Sans les technologies de l'information et de la communication, les entreprises fonctionneraient-elles autant en mode matriciel ou en réseaux ? Non, bien sûr ! Ce sont bien elles qui permettent à plusieurs entités ou personnes situées en des points différents du territoire national ou de la planète entière de travailler conjointement au développement d'un projet commun, en temps réel. Le Web a contribué à l'abolition des distances et des rigidités des anciens modes d'organisation, permettant ainsi une redéfinition du périmètre d'activité des entreprises.

Les technologies numériques ont donc véritablement étendu les possibilités d'action tant pour les organisations que pour les individus. Ainsi, hommes et femmes sont appelés à se réinventer en permanence, à devenir entrepreneurs de leur carrière et de leur vie. Le mouvement ainsi créé est traversé de contradictions qui rappellent celles de la société entière. Ici encore, les effets sont difficiles à cerner tant ils sont paradoxaux. En démultipliant la capacité de l'individu à recevoir, gérer et produire des informations, les outils numériques renforcent son autonomie. Toutefois, en l'insérant dans une multitude de réseaux, ils favorisent sa dépendance, créant même parfois une certaine addiction. Les grands utilisateurs de technologies numériques sont à la fois plus individualistes et plus

© Groupe Eyrolles

communautaristes. Le numérique déclenche à la fois le repli et l'échange, la dissidence et les comportements moutonniers, la réflexion et la superficialité, le recul et l'instantanéité.

Aucune technologie n'est bonne en soi

Récentes et surtout en perpétuelle évolution, les technologies se dérobent à l'analyse ou, du moins, aux jugements définitifs. Néanmoins, il apparaît dès à présent nécessaire de réviser les espérances quasi messianiques qui ont accompagné leur émergence. Aujourd'hui, plus personne n'ose encore prétendre que l'essor du média planétaire et décentralisé qu'est Internet débouchera sur la concorde universelle au sein d'un village mondial apaisé et fraternel. Les observateurs les plus sérieux remarquent ainsi, avec Dominique Wolton, que la multiplication des solutions technologiques ne suffit pas à assurer une authentique communication et à créer un « *vouloir vivre ensemble*[1] ». Plus sombre encore, le médiologue Régis Debray estime que loin de rapprocher les peuples, la modernité technologique exacerbe les tensions Nord-Sud : « *Il était déraisonnable, constate-t-il, de sommer les pauvres de choisir entre la carte bleue et la carte d'identité. On s'est imaginé que la première ferait oublier la seconde. C'était une naïveté. Les deux demandes vont de pair. Chaque déséquilibre suscité par un progrès technique provoque une manière de rééquilibrage ethnique*[2]. »

Sur un autre plan, Jean-Marc Vittori, éditorialiste au quotidien Les Échos va également à l'encontre des idées reçues. Il remarquait, dans un récent essai, que l'essor de l'informatique et du numérique joue un rôle majeur dans l'explosion actuelle des inégalités : « *La machine [...] donnait davantage de puissance aux bras. Au contraire, les technologies de l'information donnent*

---

1. *Informer n'est pas communiquer*, Dominique Wolton, CNRS Éditions, 2009.
2. *Un mythe contemporain : le dialogue des civilisations*, Régis Debray, CNRS Éditions, 2007.

© Groupe Eyrolles

davantage de puissance au cerveau. L'ordinateur et Internet n'apportent rien à celui qui ne sait pas lire. Ces outils sont en revanche précieux pour ceux qui savent chercher les informations, les exploiter, les mouliner, les mettre en perspective, les vendre aussi – toutes activités requérant une haute qualification[1]. » Si bien que l'ère du numérique est celle d'une accentuation de la divergence des trajectoires professionnelles. Tandis qu'un petit nombre est aspiré vers le haut, d'autres, bien plus nombreux, sont relégués vers le bas de l'échelle.

Il n'est pas seul à faire ce diagnostic. Dans une étude de 2007, le Bureau international du travail estime également que « *c'est d'abord le changement technologique biaisé en faveur des qualifications qui semble être le moteur des accroissements de la prime de qualification qu'on a pu observer.* » Où l'on découvre que la fameuse « *fracture numérique* » ne concerne pas seulement l'accès à ces technologies, mais l'usage que l'on peut en faire et le bénéfice que l'on peut en tirer… Loin de l'idéal fusionnel qui leur est associé, les technologies numériques sont donc foncièrement inégalitaires.

Gare au *burn out* numérique !

Est-il possible de réaliser un premier bilan de leur impact en entreprise ? Sur ce plan, l'unanimisme automatique et obligatoire dont jouissaient les technologies numériques n'est plus de mise. Dans un ouvrage consacré à « *l'entreprise mobile* » résultant notamment du recours massif aux téléphones et ordinateurs portables, Charles-Henri Besseyre des Horts déplore le manque de discernement des organisations face aux outils numériques qui leur sont proposés : « *Les technologies de l'information et de la communication (TIC), constate ce professeur associé d'HEC, ont pris, depuis l'avènement d'Internet, une place considérable, avec parfois l'illusion d'avoir conquis un Graal donnant accès à un monde où tout est à disposition n'importe où,*

---

1. *L'Effet sablier,* Jean-Marc Vittori, Grasset, 2009.

© Groupe Eyrolles

n'importe quand et à un coût quasiment nul[1]. » De fait, chez les individus comme dans de nombreuses entreprises, la décision d'adopter le dernier bijou technologique relève souvent de phénomènes de mode ou d'imitation plus que d'une véritable prise d'évaluation des besoins.

Afin de retrouver un peu de bon sens, il est donc nécessaire de bien évaluer les risques induits par la pénétration massive des outils numériques dans la vie professionnelle. Ce travail est d'autant plus crucial que, conformément à ce qu'affirment les promoteurs de ces technologies, ces dernières ne sont pas neutres. Elles entraînent effectivement une profonde transformation des organisations qui les adoptent… mais pas toujours dans le sens espéré !

Le premier inconvénient dénoncé par les utilisateurs est celui de la surcharge informationnelle. Depuis quelques années, les boîtes mail saturées suscitent l'exaspération d'un nombre croissant de cadres. Une étude réalisée conjointement par l'Université Paris-Dauphine et la Cegos confirme la réalité du problème : entre 2001 et 2005, la proportion de salariés estimant « *recevoir trop de courriers électroniques qu'ils n'ont pas le temps de traiter[2]* » est passée de 37,7 % à plus de 50 %. Pour Nabila Boulef Charki et Michel Kalika, chercheurs à Paris-Dauphine, ce phénomène s'explique par l'empilement des moyens de communication. En effet, faute d'une mise en cohérence, les nouveaux moyens de communication s'ajoutent à ceux qui existaient auparavant : « *On observe alors un phénomène d'empilement des moyens de communication qui rappelle la structure du gâteau appelé "millefeuille"* », soulignent les chercheurs. Exemple significatif : dans de nombreuses sociétés, l'introduction du mail ne se traduit nullement par la réduction du nombre de réunions physiques entre collègues.

---

1. *L'Entreprise mobile. Comprendre l'impact des nouvelles technologies*, Charles-Henrie Besseyre des Horts, Pearson / Village Mondial, 2008.
2. *Management & TIC. 5 ans de e-management dans les entreprises*, Michel Kalika (coordonné par), Liaisons/Cegos, 2006.

© Groupe Eyrolles

Le résultat est connu de tous les dirigeants et managers qui, lors de ces mêmes réunions, jonglent avec leur téléphone ou leur ordinateur portable pour répondre plus ou moins discrètement à leurs nombreux messages en souffrance... À l'évidence, pour beaucoup de cadres, le millefeuille est devenu trop gros pour être avalé !

Cette situation représente une redoutable source de stress pour les salariés. Dans un ouvrage satirique sur les misères de la vie de bureau, Christophe Asler, en fait un tableau éloquent : « *Votre autre allié sur la voie de l'accident cardio-vasculaire à quarante-cinq ans : la messagerie électronique [...]. Une réunion de service d'une heure : 50 messages. Une journée de formation : 300 messages. Une semaine de vacances... mais non, voyons, vous vous connectez à votre messagerie depuis votre Blackberry chaque fois que votre conjoint a le dos tourné*[1] ! »

Exagéré ? À vérifier... Car les chercheurs les plus sérieux confirment le risque de voir s'effacer progressivement la frontière entre vie professionnelle et vie privée. En effet, les technologies mobiles ne permettent pas seulement de travailler pendant les temps morts et les temps d'attentes, à commencer par ceux passés dans les transports, ils facilitent aussi le travail au domicile. Selon une enquête réalisée en 2006 par l'Observatoire Dauphine-Cegos du e-management, quelque 46,9 % des salariés interrogés affirment travailler davantage durant les déplacements. Toutefois, ils sont également 40,2 % à travailler plus à domicile et 44,1 % à affirmer exercer davantage sur leur temps personnel et en dehors des heures de travail[2].

Est-ce réellement une bonne affaire pour les entreprises ? Si l'on se limite à une vision exclusivement quantitative du phénomène, aucun doute, l'entreprise est entièrement gagnante en

---

1. *Comment survivre au bureau (sans se faire virer)*, Christophe Asler, Hors Collection, 2009.
2. *Management & TIC. 5 ans de e-management dans les entreprises*, op. cit.

© Groupe Eyrolles

voyant ainsi ses employés mis en « disponibilité totale », même en dehors des heures légales de travail et souvent lors des jours de repos. Mais qu'en est-il, en définitive, de la qualité du travail sur le long terme ? La réponse est bien sûr plus difficile à évaluer puisqu'elle échappe, par nature, à toute quantification. On peut toutefois parier, sans grand risque, que ce stress permanent possède évidemment des effets délétères.

L'immédiateté numérique contre la culture de projet

Il est admis que plusieurs syndromes menacent l'entreprise en surcharge informationnelle. Les chercheurs citent notamment l'augmentation du délai de traitement des messages électroniques, la réduction du temps consacré à chacune des réponses, parfois aux dépens de leur qualité, sans oublier la fragmentation du travail. En effet, l'exigence de réactivité induite par les mails conduit de nombreux managers à interrompre sans cesse leur tâche principale pour répondre non seulement au téléphone, mais aussi aux e-mails... Comme le note Henri Isaak, maître de conférence à Paris-Dauphine, « *la première conséquence du nomadisme est son influence sur le rapport au temps : la mobilité fractionne le temps en différents moments laissant peu de plages temporelles longues du fait même de la disponibilité permanente, source d'interruptions multiples dans les tâches. Souvent, les managers se trouvent dans des contextes peu propices à la prise de décision, et le fait d'être joignables les oblige à apporter des réponses sans toujours avoir eu le temps de la réflexion ou les éléments nécessaires à la prise de décision.* »

Plus subtilement, cet enchaînement rapide de décisions, cette éternelle succession d'impératifs peut générer une culture de l'instantanéité préjudiciable au bon fonctionnement de l'organisation. Les managers sous pression privilégient davantage l'urgent aux dépens de ce qui est important. Dès lors, ce que l'entreprise gagne en réactivité, elle le perd en profondeur,

© Groupe Eyrolles

les nouvelles technologies participant alors à la dictature du court terme qui s'exerce sur les sociétés.

Pour Pascal Josèphe, ce péril ne menace pas les seules entreprises, mais la société entière. Ancien directeur des programmes au sein de plusieurs chaînes de télévision, il remarque, dans un essai percutant, que les technologies modifient profondément nos rapports sociaux et nos façons de vivre. L'une de ses craintes : voir sapée la culture de projet qui fait avancer les sociétés. Il observe ainsi « *une tendance à l'accélération et à la compression du temps, qui fait de l'immédiateté le nouveau paradigme des techniques et des pratiques sociales.* » Habitués à tout obtenir en un clic, nous serions ainsi rongés par une forme d'impatience chronique : « *Entre l'énonciation d'un projet et son accomplissement, l'attente est vécue comme une frustration, un retard, contraire à l'idéal de fluidité généralisée. On le constate dans la vie publique, dans la consommation, dans l'activité créatrice, dans la relation amoureuse et sexuelle, etc. Notre époque n'aime pas que l'on "perde son temps"*[1]. » Si bien que, selon lui, le zapping ne concerne plus seulement notre attitude devant la télévision. Il est devenu un comportement permanent. Or, la « vraie vie » obéit à un autre rythme, notamment en entreprise. Dans celle-ci, qu'il s'agisse d'une entreprise à développer, d'une réflexion à mener, d'une réforme à accomplir, d'une relation de confiance à établir, d'une clientèle à conquérir ou d'une carrière à mener il faut, pour parvenir à ses fins, avoir du suivi dans les idées, s'armer de patience et faire preuve d'endurance.

Le spectre d'une déshumanisation de l'entreprise

L'important impact de ces technologies sur le management et sur la qualité des rapports humains dans l'entreprise mérite d'être analysé en détails. Il ne s'agit pas seulement de remarquer que la communication directe est toujours plus riche

© Groupe Eyrolles

---

1. *La Société immédiate*, Pascal Josèphe, Calmann-Lévy, 2008.

que celle qui passe par des outils, ni de déplorer que certains collègues communiquent entre eux par l'intermédiaire de courriers électroniques, alors même qu'ils sont voisins de bureaux et qu'il leur suffirait de franchir leur porte pour se parler...

En réalité, le problème est plus profond. Ces technologies ont été plébiscitées dans un contexte de remise en cause du modèle hiérarchique classique qui, comme l'avait bien montré Henri Fayol, repose sur le principe de l'unité de commandement : un subordonné ne doit recevoir de directives que d'un seul chef et ne rendre compte qu'à celui-ci. L'information circule donc de haut en bas et de bas en haut en suivant la ligne hiérarchique. Ce mode de fonctionnement est bien sûr radicalement remis en cause : « *Dans toutes les entreprises, la montée en puissance des technologies de l'information a tout à la fois accéléré et amplifié l'écrasement des hiérarchies*[1]. » remarque Jean-Marc Vittori. Révolution de l'information et révolution de l'organisation vont donc de pair. Et elles se traduisent par « un slogan simple : des intermédiaires faisons table rase » !

Bien sûr, il n'est pas de bon ton de remettre en cause le progrès que cela représenterait parce que, dans l'imaginaire collectif, l'effacement des hiérarchies correspondrait à une évolution vers davantage de démocratie dans l'entreprise. On rappelle ainsi à l'envi que l'ancien mode d'organisation était inspiré de celui des armées. Façon de faire planer l'ombre du caporalisme... Telle n'est pourtant pas ma vision des choses ! J'ai en effet pu constater que la disparition progressive des cadres intermédiaires ne correspond nullement à une dynamique de démocratisation, mais plutôt à une déshumanisation des organisations. Sans managers de proximité, la hiérarchie ne disparaît pas davantage que l'autorité, mais elle devient diffuse. Froide et anonyme, elle repose non plus sur des hommes, mais sur des processus et des règlements. Il est ainsi frappant de constater que l'effacement des cadres intermédiaires va de

---

1. *L'Effet sablier, op. cit.*

© Groupe Eyrolles

pair avec une effroyable inflation des chartes, des codes (de qualité, de bonne conduite, d'éthique, etc.) et, comme on l'a énoncé, des indicateurs de performance.

Remettre les outils au service de l'homme

Nombre de dirigeants et de salariés sont parfaitement conscients de ces dérives. Un cadre intermédiaire du secteur du commerce et de la distribution estime ainsi « *qu'un des impacts de ces outils, c'est de déshumaniser l'entreprise*[1]. » Ce constat montre la voie à suivre pour les dirigeants : ne pas refuser les nouveaux outils, mais les remettre à leur juste place, c'est-à-dire au service de l'homme.

© Groupe Eyrolles

---

1. *L'Entreprise mobile, op. cit.*

XII

Le patron au cœur de son entreprise

La crise va-t-elle modifier durablement le profil des dirigeants de société ? Bien évidemment ! On se demande bien comment, dans le maelström généralisé qu'affrontent les entreprises, les patrons pourraient rester immuables !

Prime aux qualités humaines !

Une certaine évolution avait été engagée avant la crise. Car, en grande majorité, les patrons ne sont absolument pas les autistes décrits par certains idéologues. Ni sourds, ni aveugles, ils sont même – plus que d'autres professions moins exposées au regard de la société – plutôt enclins à l'exercice délicat de la remise en cause. Les patrons n'ignorent donc pas que, depuis quelques années, de nombreuses voix appellent à une évolution du profil et des qualités qui doivent être les leurs. Sans surprise, ils constatent que les changements demandés soulignent la nécessité de faire appel aux qualités humaines et relationnelles. Selon de nombreux observateurs et experts, le dirigeant de demain ne pourra pas se contenter d'un QI élevé !

© Groupe Eyrolles

« *Jusqu'à présent,* écrit Thierry Chavel, enseignant à HEC, *les dirigeants d'entreprise étaient sélectionnés selon des critères inspirés des sciences dures de l'ingénieur et de l'expert-comptable. Les grandes écoles assuraient la reproduction des élites autour d'un triple déni des affects, de l'imaginaire et de tout facteur humain[1].* » C'était avant la crise financière. Bien entendu, celle-ci a accéléré la remise en cause de ce profil. Les modèles mathématiques mis au point dans les salles de marché ayant failli, on réhabilite d'autant plus volontiers les sciences humaines, gage d'une analyse plus fine d'un environnement complexe et irréductible à la rationalité arithmétique.

Néanmoins, ce mouvement ne saurait être assimilé aux seules conséquences de la crise. Il est plus profond et résulte aussi de l'influence qu'exercent les programmes de recherche scientifiques sur le leadership dont sont friands les universités américaines. Depuis près d'une décennie, Robert Sternberg, professeur de psychologie et d'éducation à l'université de Yale, a établi qu'un bon leader ne peut pas seulement se contenter de puissantes capacités d'analyse. Il doit posséder trois formes d'intelligence : « *La créativité, pour trouver des idées adaptées à un monde en mutation, l'intelligence analytique pour s'assurer qu'elles sont bonnes, l'intelligence pratique pour les faire accepter et appliquer[2].* »

Un humaniste et un meneur d'hommes

Ce constat est largement partagé dans le monde de l'entreprise. Responsable de l'évaluation des conseils d'administration chez SpencerStuart, Bertrand Richard estime que « *le dirigeant de demain devra d'abord être un humaniste, imprégné de valeurs [...] et non un technicien premier de la classe[3]* ». La

1. « Patrons symboliques », Thierry Chavel, *De quoi demain sera-t-il fait ?*, Institut Aspen France, Autrement, 2008.
2. Cité in *La Lettre Alter&Go*, n° 6, février 2007.
3. « Élites déformatées », Bertrand Richard, *De quoi demain sera-t-il fait ?*, op. cit.

© Groupe Eyrolles

dimension humaine et la capacité à entraîner les hommes redeviennent prégnantes, y compris au plus haut niveau de la hiérarchie. Co-auteur d'un ouvrage consacré aux patrons du CAC 40 et professeur au CNAM, Maurice Thévenet rappelle cette évidence de bon sens que l'on avait un peu vite oubliée : « *Dans la direction d'une entreprise, il n'y a pas que les stratégies, les chiffres ou les décisions [...]. C'est aussi l'interaction entre les personnes, les relations, la communication et aussi l'anthropologie de base, comme le dit Henri de Castries – précisant que si l'on n'aime pas les gens, il faut changer de métier[1]...* »

Les dirigeants sont donc tenus de faire preuve d'intelligence, mais aussi d'avoir du cœur et de l'empathie. Ils doivent être capables de comprendre les émotions que ressentent leurs collaborateurs et même de se mettre à leur place, notamment lorsqu'ils traversent des difficultés passagères, tout simplement parce que le leader de la communauté humaine qu'est l'entreprise ne peut rester insensible à la souffrance ressentie par tel ou tel de ses membres. C'est la raison pour laquelle, lorsque je dirigeais TNT Express, j'avais souhaité, voici maintenant trois ans, que nous mettions en place, avec les représentants du personnel, des coordinateurs sociaux chargés d'identifier les difficultés rencontrées par les salariés et de trouver des solutions à leurs problèmes. Ainsi, nous avions démontré concrètement qu'au sein de l'entreprise, la solidarité n'était pas un vain mot. Et de la sorte nous avions aussi amélioré la performance collective, car un salarié délivré des soucis qui peuvent l'accaparer n'est pas seulement plus heureux, mais plus performant.

Concilier empathie et courage

Toutefois, le cœur ne se limite pas à l'empathie. Il est aussi synonyme de courage ! Il ne faut en effet pas se méprendre : l'humanisme n'implique nullement le refus d'exercer l'autorité.

---

1. *Le Nouveau Visage des dirigeants du CAC 40, Le Cercle de l'Entreprise et du Management*, sous la dir. de Jean-Louis Dubois, Pearson, 2008.

© Groupe Eyrolles

D'ailleurs, les collaborateurs et salariés de l'entreprise ne s'y trompent pas. Interrogés par le cabinet de recrutement Director-bank Group sur les qualités attendues d'un dirigeant de société, quelque 430 « top managers » invoquent certes des traits de personnalité tels que « *le charisme, la patience, ou la capacité d'écoute*[1] », mais ils ne manquent pas non plus d'évoquer la nécessaire humilité dont il doit faire preuve. « *C'est un coordinateur, un facilitateur et pas la source de tous les savoirs*[2] », affirme l'un des cadres interrogés. Toutefois, que surviennent une situation de crise et les attentes évoluent sensiblement. Dans ce cadre, quelque 77 % des professionnels déclarent valoriser avant tout l'engagement : « *Le président, disent-ils, ne doit pas rester au-dessus de la mêlée, mais doit être vu sur la ligne de front*[3] ». Et dans le cas contraire, le jugement tombe comme un couperet : « *Il est uniquement là pour le titre et l'argent mais abandonne le management dès que surgit une difficulté*[4] », déplore un directeur interrogé au sujet de son président, tandis qu'un autre fustige les dirigeants qui « *se consacrent essentiellement à l'entretien de leurs réseaux parce qu'ils ne veulent pas se salir les mains*[5] ».

Si bien que le profond désir de réhumaniser l'entreprise va de pair avec une certaine réhabilitation de la notion de chef, au-delà même du terrain de l'entreprise. Mais attention, le chef dont il est question n'est pas celui qui « flingue » à tour de bras, invoque sans cesse sa supériorité hiérarchique et fait taire toute contestation. « *Le chef*, souligne le médiologue Régis Debray, *est celui qui, par la parole, recompose une cohésion*[6] ». Selon cette définition, il n'est pas celui qui donne des ordres, mais celui qui rétablit et garantit un ordre en faisant partager une vision. Bien entendu, rien n'est plus nécessaire que cela

---

1. « What Makes an Outstanding Chairman? The View of More than 400 Directors », Directorbank Group, septembre 2008.
2. *Ibid.*
3. *Ibid.*
4. *Ibid.*
5. *Ibid.*
6. *Un mythe contemporain : le dialogue des civilisations, op. cit.*

© Groupe Eyrolles

lorsque les certitudes se dérobent, comme aujourd'hui. À l'évidence, lorsque surgit la tourmente, on recherche à nouveau des capitaines capables de remobiliser les équipes, de donner un cap et des perspectives.

Une fois encore, l'expérience managériale rejoint ici la sagesse des marins : « *Quand le temps est calme,* dit un proverbe, *il n'y a pas besoin de capitaine.* » Mais en réalité, sur mer comme sur les marchés, le temps n'est jamais longtemps clément. Le rôle du capitaine ou du patron est donc essentiel. En affirmant cela, je n'éprouve pas le sentiment de manquer de modestie, mais seulement celui d'assumer mes responsabilités, dans les bons comme les mauvais moments. Rien ne me semble en effet plus odieux qu'un patron se dérobant devant ses obligations en s'abritant derrière des décisions qui lui seraient imposées d'en haut par ses lointains supérieurs ou d'en bas par des cabinets de consultants appelés pour servir de parapluie. Je crois en effet fermement au principe de responsabilité.

Certes, un patron ne peut pas tout. Certes, ni l'échec, ni le succès ne peuvent entièrement lui être imputés ; l'un comme l'autre sont toujours collectifs. Il y a aussi le facteur chance… Mais, jusqu'à preuve du contraire, le patron est quand même celui qui, dans l'entreprise, prend les décisions et doit les faire appliquer. Rien n'est moins simple. Toutes les entreprises sont difficiles à diriger. Ainsi, les petites n'ont pas de radar, mais peuvent facilement virer de bord pour éviter un obstacle. Quant aux grandes, elles possèdent certes une vision plus lointaine, mais peuvent mettre des mois pour changer de cap. Toutefois, dans les deux cas, le rôle du capitaine est essentiel.

Respect de soi et respect des autres

Quoi qu'il advienne, il est crucial que le capitaine assume ses responsabilités. D'ailleurs, c'est probablement cela qu'attendent principalement les hommes et les femmes de l'entreprise : un patron qui les considère avec respect, mais qui ait

© Groupe Eyrolles

aussi un certain respect pour sa propre fonction. Un patron qui, ayant le sentiment de tout faire pour mener son entreprise à bon port, ne craint pas de paraître devant son équipage. Un patron qui fait confiance aux hommes et aux femmes de son entreprise, mais dans lequel ils puissent aussi avoir confiance parce qu'il prend des décisions, au milieu d'eux. En un mot, un patron qui vit et travaille au cœur de l'entreprise parce qu'il la porte tout simplement dans son cœur.

© Groupe Eyrolles

Conclusion

À l'heure où je termine la rédaction de ce livre, mon sentiment que l'entreprise et la société entière se trouvent en face de choix cruciaux ne s'est pas estompé, bien au contraire !

Voici trois ans que la crise économique et financière a éclaté, suscitant de grandes craintes, mais aussi de grandes espérances. En faisant exploser les anciennes certitudes, elle laissait espérer de vigoureuses remises en cause. Malheureusement, cela n'a été que partiellement accompli. Beaucoup d'entre nous ont désormais la désagréable impression qu'une fois passé le premier choc, l'ensemble de la société n'aspire plus qu'à reprendre ses habitudes en espérant que la réplique se produira le plus tard possible. Comme si, pour toute réponse aux défis qui nous sont adressés, nous nous contentions de retenir notre souffle…

Cette passivité teintée de fatalisme demeure évidemment la pire des attitudes. Il ne faut en effet pas s'y tromper : l'histoire ne s'arrêtera pas, le temps ne se figera pas non plus, bien au contraire ! Toute la question est de savoir si le monde qui s'ébauche sous nos yeux se construira avec ou sans nous. Plutôt que d'espérer un « retour à la normale », nous devons donc nous projeter dans l'avenir, faire preuve de réalisme, mais aussi d'imagination, de créativité, de dynamisme et aussi de confiance.

Face aux défis qui nous attendent, cette dernière est probablement le bien le plus précieux. Hélas, c'est aussi celui qui nous

© Groupe Eyrolles

fait le plus cruellement défaut. Il est temps de se ressaisir et de retrouver confiance en nous, mais aussi en nos partenaires et en l'avenir. Il est indispensable de rompre avec l'atmosphère pessimiste et dépressive qui s'empare de nos sociétés.

Je ne suis toutefois pas naïf : je sais que ni la confiance ni l'optimisme ne se décrètent, mais je sais également que l'avenir n'est inscrit nulle part et qu'un sursaut est toujours possible, d'autant plus qu'il est, à bien des égards, attendu. N'en doutons pas ! Il existe, au plus profond de notre pays et de nos entreprises, des trésors d'énergie qui ne demandent qu'à être mobilisés. Les décideurs tentés par l'immobilisme doivent se poser cette question : et si, finalement, nos compatriotes n'attendaient qu'un signal et l'expression d'une vision pour se projeter à nouveau dans l'avenir comme ils l'ont accompli si souvent dans l'Histoire ?

Ce signal, c'est bien sûr aux dirigeants qu'il revient de l'adresser. Aux responsables politiques, mais pas uniquement. Le temps des mobilisations décrétées par la hiérarchie au sommet est révolu : la prise de conscience comme l'engagement doivent être collectifs. Affirmons-le plus clairement encore ! Notre avenir ne se joue pas entre les seuls murs de l'Élysée, de Matignon, de la Commission de Bruxelles ou du FMI. Il se crée aussi et avant tout à la base, dans les relations que nous nouons chaque jour avec nos semblables, nos collaborateurs, nos collègues, comme dans les entreprises, dans les syndicats, dans les associations. Cet avenir est aussi présent en chacun de nous, par le regard que nous décidons de porter sur le monde et sur les autres, par les décisions quotidiennes que nous prenons : « *Le faux courage attend les grandes occasions… Le courage véritable consiste chaque jour à vaincre les petits ennemis* », écrivait Paul Nizan. Je suis profondément convaincu que par le courage quotidien déployé par chacun, nous remonterons collectivement la pente.

Bien entendu, les enjeux sont immenses et face aux forces gigantesques qui se déchaînent, il est normal de se sentir parfois démuni, même lorsque l'on est patron. C'est une réalité que chacun doit intégrer : le patron n'est pas Dieu le Père ! Il

© Groupe Eyrolles

ne peut pas tout, d'autant que, comme nous l'avons vu, les mutations qui bousculent nos habitudes et les droits que nous pensions acquis dépassent largement le cadre de l'entreprise. Pour n'évoquer qu'un exemple, en tant que chef d'entreprise, je ne peux absolument rien contre le développement de l'hypercompétition planétaire. Pour moi, comme pout tous les autres membres de l'entreprise, c'est seulement une donnée avec laquelle je dois compter. Je peux la juger injuste en mon fors intérieur, je peux même la dénoncer avec virulence, rien n'y fera : demain elle sera toujours là et je devrai faire avec !

Est-ce à dire que nous sommes impuissants à agir ? Certes non ! Ici encore, l'expérience de la mer est précieuse. Le capitaine d'un navire sait qu'il ne peut pas modifier la météo ; il connaît aussi la puissance prodigieuse des flots et l'issue tragique qui peut en résulter. Néanmoins, il a aussi conscience qu'en prenant les bonnes décisions, il peut mener le navire à bon port et même tirer parti de toutes les situations, y compris les plus périlleuses. Réaliste, il n'oublie pas de ménager le matériel et surtout l'équipage. En effet, la bonne décision est celle qui sera acceptée et mise en œuvre avec détermination par l'ensemble des équipiers. Pour avoir déjà affronté de nombreux coups de tabac, le capitaine ne néglige jamais l'importance de la cohésion, de la confiance et de l'estime mutuelle. Il est persuadé que c'est d'elle que viendra le salut. Il se souvient en permanence que confiance rime avec performance.

J'ai évoqué un signal à lancer. Quel est-t-il ? En tant que dirigeant d'entreprise, je crois que le message à adresser à ses collaborateurs est tout simplement celui de la considération. Après des années marquées par une conception comptable et technicienne de l'entreprise, il est nécessaire d'exprimer aux hommes et aux femmes avec lesquels on travaille la considération que nous avons pour eux et la confiance que nous leur portons. Il faut surtout leur démontrer cette considération concrètement, dans les orientations stratégiques comme dans les petites décisions quotidiennes qui tissent la trame de nos existences.

© Groupe Eyrolles

En pratiquant la voile, j'ai pu le constater maintes fois : c'est en ayant confiance en l'équipage qu'on l'incite à donner le meilleur de lui-même. C'est en valorisant les hommes qu'on les incite à grandir. C'est en misant sur eux que l'on développe d'un même mouvement leur capacité et des relations professionnelles durables. C'est en estimant que l'on est respecté en retour. Certains penseront qu'il ne s'agit là que de paroles. Je prétends au contraire qu'il s'agit d'une pratique bénéfique dont les effets peuvent être réellement puissants. D'autant que la perte de confiance est un mal particulièrement profond en France. De retour d'un tour du monde de 80 jours accompli à vélo, Guillaume Prébois, journaliste au Monde, faisait l'observation suivante : « *La cohésion, la solidarité et l'union des habitants des nations que nous avons traversées m'ont frappé. J'ai du mal à retrouver cet état d'esprit dans mon propre pays. La fraternité, pilier de la République, existe-t-elle encore chez nous ? Italiens, Grecs, Indiens, Australiens, Américains et Anglais m'ont donné l'impression de davantage s'épauler[1].* » Anecdotique ? Je n'en crois rien !

Je suis même persuadé que, pour les entreprises françaises, le principal enjeu consiste à retisser des liens de confiance qui rendent les équipes gagnantes et les vies professionnelles heureuses. Envisageons que demain l'entreprise redevienne avant tout une communauté humaine dont les membres sont soudés par un projet commun et un respect mutuel. Imaginons aussi qu'elle renouvelle les liens qui l'unissent à la société. Alors, nous pourrons dire que la crise n'a pas été inutile. En effet, si demain nous parvenons à remettre l'homme au cœur de l'entreprise et celle-ci au cœur de la société, alors le monde qui sortira de la crise actuelle sera un monde meilleur. Non, décidément, l'heure n'est résolument pas au fatalisme. Demain, chacun à notre place et à notre poste, nous pourrons changer le monde ! Au travail !

1. *Le Tour du monde en 80 jours et à vélo*, Guillaume Prébois, Arthaud, 2010.

© Groupe Eyrolles

Bibliographie

Quelques journaux et magazines...

Altersécurités Infos (www.altersecurite.org)

Business Week (www.businessweek.com)

Communication & Influence (www.comes-communication.com)

Constructif (www.constructif.fr)

Courrier Cadres (www.courriercadres.com)

Défense (www.revue-defense-ihedn.fr)

La Dépêche de Toulouse

Les Échos (http://www.lesechos.fr)

Enjeux-Les Échos (http://www.lesechos.fr)

Le Figaro (www.lefigaro.fr)

Financial Times (www.ft.com)

Harvard Business Review (http://hbr.org)

La Lettre Alter&Go (www.alteretgo-groupe.com/#/Lettre)

Liaisons sociales (www.wk-rh.fr)

Libération (www.liberation.fr)

Le Monde (www.lemonde.fr)

Newsweek (www.newsweek.com)

Le Nouvel Observateur (http://hebdo.nouvelobs.com)

Sciences Humaines (www.scienceshumaines.com)

Sociétal (www.societal.fr)

L'Usine Nouvelle (www.usinenouvelle.com)

© Groupe Eyrolles

Quelques ouvrages...

A

Le Mur des Lamentations – Tous victimes et fiers de l'être !, David ABIKER, Michalon, 2006.

Réenchanter le futur par la prospective RH, sous la dir. d'Edgard ADDED et Wilfrid RAFFARD, Village Mondial, 2009.

La Famille recomposée aujourd'hui, Linda ALBERT et Elisabeth EINSTEIN, Éditions de la Lagune, 2008.

Top 200: The Rise of Corporate Global Power, Sarah ANDERSON, John CAVANAGH, Institute for Policy Studies, 2000.

Comment survivre au bureau (sans se faire virer), Christophe ASLER, Hors Collection, 2009.

L'Imagination collective. Créer et piloter des réseaux efficaces, Brice AUCKENTHALER et Pierre D'HUY, Liaisons, 2007.

B

La Société mosaïque, Jolanta BAK, Dunod, 2007.

Les Stratégies absurdes : Comment faire pire en croyant faire mieux, Maya BEAUVALLET, Le Seuil, 2009.

L'Entreprise mobile. Comprendre l'impact des nouvelles technologies, Charles-Henrie BESSEYRE DES HORTS, Pearson / Village Mondial, 2008.

Golden Boss : patrons ou rentiers ?, Olivier BASSO, Catherine BLONDEL, Eyrolles, 2009.

Le Nouvel Esprit du capitalisme, Luc BOLTANSKI et Ève CHIAPELLO, Gallimard, 1999.

« De la gestion douloureuse des restructurations à une métamorphose proactive des entreprises et des organisations », Marc Bonnet, in *Management : tensions d'aujourd'hui*, coordonné par Bernard PRAS, Vuibert/Fnege, 2009.

Insupportables pratiques : Guide d'action pour lutter contre les abus de pouvoir, les manipulations..., Patrick BOUVARD et Jérôme HEUZÉ, Eyrolles, 2007.

© Groupe Eyrolles

C

La Société en réseaux, Tome 1 – L'Ère de l'information, Manuel CASTELLS, Fayard, 1999.

Responsible Restructuring. Creative and Profitable Alternatives to Layoffs, Wayne F. CASCIO, Berrett-Koehler Publishers, 2002.

« Patrons symboliques », Thierry Chavel, *in De quoi demain sera-t-il fait ?,* Institut Aspen France, Autrement, 2008.

La Paupérisation des Français, Denis CLAIR, Armand Colin, 2009.

Quand les cadres se rebellent, Daniel Courpasson et Jean-Claude THŒNIG, Vuibert, 2008.

D

La Société malade de la gestion – Idéologie gestionnaire, pouvoir managérial et harcèlement social, Vincent DE GAULEJAC, Le Seuil, 2009.

L'Espoir économique. Vers la révolution du quaternaire, Michèle DEBONNEUIL, Bourin Éditeur, 2007.

Un mythe contemporain : le dialogue des civilisations, Régis DEBRAY, CNRS Éditions, 2007.

Souffrance en France, Christophe DEJOURS, Le Seuil, 2000.

L'Entreprise réconciliée : Comment libérer son potentiel économique et humain, Jean-Marie DESCARPENTRIES et Philippe KORDA, Albin Michel, 2007.

Le Nouveau Visage des dirigeants du CAC 40, Le Cercle de l'Entreprise et du Management, sous la dir. de Jean-Louis DUBOIS, Pearson, 2008.

E

Le Grand Bestiaire des entreprises, Philippe ESCANDE, Eyrolles, *Les Échos,* 2009.

Le Temps des victimes, Caroline ELIATCHEFF et Daniel SOULEZ LARIVIÈRE, Albin Michel, 2007.

F

Le Travail en miettes, Georges FRIEDMANN, 1956, nouvelle édition revue et augmentée, collection « Idées », Gallimard, 1964.

Contre-Pouvoirs de la société d'autorité à la démocratie d'influence, Ludovic FRANÇOIS et François-Bernard HUYGHE, Eyrolles, 2009.

© Groupe Eyrolles

G

La Neuroéconomie. Comment le cerveau gère mes intérêts, Sacha GIRONDE, Plon, 2008.

La Trahison des économistes, Jean-Luc GRÉAU, Gallimard, 2008.

H

Génération QE, Christophe HAAG et Jacques SÉGUÉLA, Pearson Education, 2009.

I

« Du triangle d'or au carré magique », Érik IZRAELEWICZ, *in Réinventer l'entreprise. Repères pour une crise qui va durer*, sous la dir. de Jean-Marc LE ROUX et Bernard RAMANANTSOA, Pearson, 2010.

J

La Société immédiate, Pascal JOSÈPHE, Calmann-Lévy, 2008.

K

Management & TIC. 5 ans de e-management dans les entreprises, Michel KALIKA (coordonné par), Liaisons/Cegos, 2006.

Stratégie Océan bleu : comment créer de nouveaux espaces stratégiques, Chan KIM et Renée MAUBORGNE, Pearson, 2008.

L

Antoine Riboud, un patron dans la cité, textes et paroles présentés par Pierre LABASSE, Le Cherche Midi, 2007.

Le Travail : une sociologie contemporaine, Michel LALLEMENT, Gallimard, 2007.

L'Ergonomie, Alain LANCRY, Presses universitaires de France, 2009.

Évitez le stress de vos salariés, Hubert LANDIER, Bernard MERCK, Pierre-Éric SUTTER, Stéphanie BAGGIO et Églantine LOYER, Éditions d'Organisation, 2009.

La France morcelée, Jean-Pierre LE GOFF, coll. « Folio actuel », Gallimard, 2008.

Familles recomposées, Marie-Dominique et Théo LINDER, Hachette, 2005.

© Groupe Eyrolles

Hervé LAROCHE, professeur à l'ESCP-EAP, préface à l'édition française de *Faits et foutaises dans le management*, Vuibert, 2007.

M

La Bêtise économique, Catherine MALAVAL et Robert ZARADER, Perrin, 2008.

Des managers, des vrais ! Pas des MBA : Un regard critique sur le management et son enseignement, Henry MINTZBERG, Éditions d'Organisation, 2005.

N

J'ai fait HEC et je m'en excuse, Florence NOIVILLE, Stock, 2009.

Les Pionniers de l'or vert, Dominique NORA, Grasset, 2009.

P

Faits et foutaises dans le management, Jeffrey PFEFFER et Robert SUTTON, Éditions Vuibert, 2007.

A Whole New Mind. Moving from the Information Age to the Conceptual Age, Daniel H. PINK, Riverhead Books, 2005.

Le Tour du monde en 80 jours et à vélo, Guillaume PRÉBOIS, Arthaud, 2010.

Q

La Crise globale, Jean-Michel QUATREPOINT, Mille et Une Nuits, 2008.

R

La République compassionnelle, Michel RICHARD, Grasset, 2006.

Test drive. La passion de l'épreuve, Avita RONELL, Stock, 2009.

La Contre-Démocratie. La politique à l'âge de la défiance, Pierre ROSANVALLON, Le Seuil, 2006.

« Favoriser une meilleure prise en compte du long terme », Jean-François Roverato et Serge Weinberg, Institut de l'entreprise, janvier 2010.

© Groupe Eyrolles

S

L'Obsession de la performance. Pièges et illusions, Benoît SAINT GIRONS, Éditions Jouvence, 2009.

Trop vite ! Pourquoi nous sommes prisonniers du court terme, Jean-Louis SERVAN-SCHREIBER, Albin Michel, 2010.

Repenser l'entreprise. Saisir ce qui commence, vingt regards sur une idée neuve, Andreù SOLÉ, sous la dir. de Jacques CHAIZE et Félix TORRÈS, Association Progrès du Management, Le Cherche Midi, 2007.

Livre blanc sur le stress au travail, SRM Consulting, 2008.

T

Nudge: Improving Decisions About Health, Wealth, and Happiness, Richard H. THALER & Cass R. SUNSTEIN, Pinguin Books, 2009.

V

L'Effet sablier, Jean-Marc Vittori, Grasset, 2009.

W

Informer n'est pas communiquer, Dominique Wolton, CNRS Éditions, 2009.

Quelques enquêtes…

« Le stress des entrepreneurs », étude réalisée par TNS-Sofres pour le Conseil supérieur de l'Ordre des experts comptables, avril 2010.

« Les Français et l'économie de marché », sondage Opinion Way/ Fondation Croissance Responsable, février 2010.

« Salariés et sortie de crise », enquête réalisée par TNS Sofres pour Altedia, 30 novembre 2009.

« Suicides au travail : la performance à mort ? », Michel DE LAFORCE, Fieci-CFE-CGC, juin 2009.

« Les cadres et l'emploi face à la crise », Baromètre Cadremploi, Ifop, janvier 2009.

« Le stress au travail », sondage Réseau Anact / CSA, 2009, consultable sur le site de l'Anact (www.anact.fr).

© Groupe Eyrolles

« Génération donnant-donnant », enquête réalisée par TNS-Sofres pour Euro RSCG C&O, 16 septembre 2008.

« What Makes an Outstanding Chairman? The View of More than 400 Directors », Directorbank Group, septembre 2008.

« Enquête Sociovision », *Liaisons sociales,* octobre 2008.

"The Entreprise of the Future", IBM Global CEO Study, 2008 (www.ibm.com/fr).

"Developing new leaders for a changing world", Brief Vision Statement, Tuft University, 18 mai 2006.

« CEO, la fin d'une ère. Étude sur le renouvellement des CEO des 2 500 plus grandes entreprises mondiales », Booz Allen Hamilton, 2005.

« Cadres, la tentation du retrait », étude téléchargeable sur www.adecco.fr

Quelques articles...

« Management de l'après-crise ou crise de l'après-management », Jean-Marc DANIEL, *in Sociétal,* n° 68, 2ᵉ trimestre 2010.

« L'impératif stratégique », Stéphanie DAMERON, *in Sociétal,* 2ᵉ trimestre 2010.

« Repenser la relation entre la sphère publique et l'entreprise », *Notes de l'Institut de l'entreprise,* janvier 2010.

« Renouveler la contribution des entreprises à la cohésion sociale», *Notes de l'Institut de l'entreprise,* janvier 2010.

« Le clash des idées. 20 livres qui ont changé notre vision du monde », *Sciences Humaines,* hors-série janvier 2010.

"Spotlight on Reinvention. Ideas for Transforming your Company and your Career", *Harvard Business Review,* janvier-février 2010.

"Layoffs are bad for business. The Downside of downsizing", Jeffrey PFEFFER, *Newsweek,* 15 février 2010.

« Le social n'est pas une variable d'ajustement », Philippe GRILLOT (TLF), 16 décembre 2009, consultable en ligne : www.wk-transport-logistique.fr.

« Les clés d'un management post-moderne », Éric PIÉTRAC, *Agir,* n° 39, septembre 2009.

© Groupe Eyrolles

« Stress au travail : le «psy» ne suffit pas ! », *Le Nouvel Observateur,* 11 juin 2009.

« Comment vivre ensemble : conditions économiques et sociales pour la démocratie », *in Actes des Journées Perroux,* Éditions ISEOR (Institut de Socio-Économie des Entreprises et des Organisations), 2008.

"Understanding the Culture of Collaboration", cahier spécial du *Financial Times,* 13 juillet 2007.

« L'Économie de l'immatériel. La croissance de demain », Maurice LÉVY, Jean-Pierre JOUYET, *La Documentation française,* 2007.

"CalPERS' New Crusade", *Business Week,* 5 juin 2006.